Comunicação
Corporativa

Gestão, Imagem e Posicionamento

Conselho Acadêmico
Ataliba Teixeira de Castilho
Carlos Eduardo Lins da Silva
Carlos Fico
Jaime Cordeiro
José Luiz Fiorin
Tania Regina de Luca

Proibida a reprodução total ou parcial em qualquer mídia
sem a autorização escrita da editora.
Os infratores estão sujeitos às penas da lei.

A Editora não é responsável pelo conteúdo deste livro.
As Autoras conhecem os fatos narrados, pelos quais são responsáveis,
assim como se responsabilizam pelos juízos emitidos.

Consulte nosso catálogo completo e últimos lançamentos em **www.editoracontexto.com.br.**

Maristela Mafei
Valdete Cecato

Comunicação Corporativa

Gestão, Imagem e Posicionamento

Copyright © 2011 das Autoras

Todos os direitos desta edição reservados à
Editora Contexto (Editora Pinsky Ltda.)

Capa
Lara Habib e Henrique Mello • Studio 1101

Diagramação
Ana Marconato

Preparação de textos
Lilian Aquino

Revisão
Rinaldo Milesi

Produção de Vídeo e RA
Mixirica

Dados Internacionais de Catalogação na Publicação (CIP)
(Câmara Brasileira do Livro, SP, Brasil)

Mafei, Maristela
Comunicação corporativa / Maristela Mafei e Valdete Cecato. –
1. ed., 1ª reimpressão. – São Paulo: Contexto, 2025.

Bibliografia.
ISBN 978-85-7244-644-0

1. Comportamento humano 2. Comunicação
3. Comunicação nas organizações 4. Relações públicas
I. Cecato, Valdete. II. Título

11-03910   CDD-658.45

Índices para catálogo sistemático:
1. Comunicação corporativa: Administração 658.45
2. Comunicação organizacional: Administração de empresas 658.45

2025

EDITORA CONTEXTO
Diretor editorial: *Jaime Pinsky*

Rua Dr. José Elias, 520 – Alto da Lapa
05083-030 – São Paulo – SP
PABX: (11) 3832 5838
contato@editoracontexto.com.br
www.editoracontexto.com.br

*"Quando nada acontece há um milagre
que não estamos vendo."*
Guimarães Rosa

Sumário

Um mercado de oportunidades 11

Para quem está chegando agora 17

A visão "do todo" da comunicação corporativa 17

Ninguém sabe tudo 19

Poder distribuído 20

Os anos 1990 20

Potencial para crescer 22

Quando tudo começou 24

Surgem a Aberje e a Abracom 27

Sustentabilidade 31

Sustentabilidade é assunto de sobrevivência 31

Não basta parecer. Tem que ser! 32

As crenças de cada uma 34

Gestão da sustentabilidade – *case* Ambev 36

Como você pode ajudar 39

Diagnóstico de comunicação ... 41

Onde começa o seu trabalho ... 41

Além das empresas ... 42

Quando o barato sai caro ... 43

Não tenha medo de mergulhar ... 45

Corra o risco da descoberta ... 47

Primeiros passos para um diagnóstico de comunicação ... 49

Colocando em prática o plano de comunicação ... 51

O ponto de partida ... 51

A etapa seguinte ... 53

Passo a passo ... 54

A retaguarda ... 56

Recomendações para colocar em prática
o plano de comunicação ... 58

Estruturas da comunicação ... 61

Como as empresas se organizam internamente ... 61

Profissional diferenciado ... 64

Trabalho em equipe ... 65

Crescimento mútuo ... 66

Consultor estratégico ... 67

Recomendações a quem planeja
uma carreira em comunicação corporativa ... 68

O universo web ... 71

O mundo não para ... 71

O menos que é mais ... 72

Redes de relacionamentos ... 74

Mobilidade total ... 77

Ficou mais difícil ... 78

Primeiros passos para um trabalho em web ... 79

Relacionar-se com a imprensa na era da web 81

Ponte entre a empresa e os jornalistas 81

Então, mãos à obra 82

Ficar parado ou provocar os acontecimentos 83

Entrevista exclusiva ou coletiva? 84

Trabalho prévio para uma grande repercussão 85

Quando o assunto não pode morrer – *case* Monange 86

Como foi comunicado 87

É preciso ser criativo 88

Dicas para um bom relacionamento com a imprensa 89

Comunicação financeira 91

Quando investidores e acionistas são o foco 91

Jeitos diferentes de divulgar os resultados 93

Seu trabalho não terminou 94

Quando empresas de capital fechado
fazem um grande negócio 95

Dicas para divulgar um balanço para a imprensa 96

Comunicação interna 99

O exercício da transparência 99

Do monólogo ao diálogo – *case* Telefônica 101

Na prática 104

Recomendações para estruturar a comunicação interna 106

Disciplina criativa 111

Mantendo a memória gerencial 111

O exercício de compartilhar 113

Conduta corporativa 114

Em companhias abertas 115

Métodos para públicos diferentes 117

Medindo resultados 119

A tentativa e erro com os dias contados 119

Classificação das matérias 121

Centimetragem 123

As métricas a serviço da comunicação 124

Seguindo todos os públicos 125

O exemplo da CPFL Energia 126

Um novo olhar para a comunicação 128

Bibliografia 129

Posfácio 137

Agradecimentos 139

As autoras 141

Um mercado de oportunidades

Como grandes, pequenas e médias empresas se comunicam? Quem são os principais interlocutores e como procurá-los? Como desenvolver uma grande campanha e inovar a imagem de uma companhia tradicional? Qual o papel das novas tecnologias – incluindo as mídias sociais – na comunicação corporativa? Essas são apenas algumas das várias questões que ouvimos de colegas e estudantes ao longo da nossa carreira. Por isso, pensamos este livro como uma forma de compartilhar parte do conhecimento que acumulamos. É um mercado com grandes oportunidades de desenvolvimento profissional a quem está disposto a encarar desafios e a aprender todos os dias, sejam estudantes de graduação ou pós-graduação, executivos de empresas que tenham afinidade com a área, estudiosos ou profissionais de comunicação corporativa em geral.

Em 11 capítulos, foi desmembrado o que consideramos as principais noções para quem busca um aperfeiçoamento profissional. Começamos o primeiro capítulo com a definição de "comunicação corporativa" como sendo a interação das companhias com seus *stakeholders*. Essa, aliás, é uma palavra que você vai ouvir muito na sua vida profissional e que define os públicos com os quais é importante que a empresa se relacione para que possa ser percebida de acordo com a sua essência. Trazemos também um texto com uma breve linha do tempo da comunicação para dar uma ideia sobre a evolução da atividade e os acontecimentos que mais a influenciaram.

Depois, abordamos a "sustentabilidade", tema que vai permear todo o seu trabalho. Afinal, qual é o fundador de empresa que não deseja ver o seu negócio perenizado e admirado pela sociedade? E esse é um sonho possível somente às empresas que entenderam que pagar religiosamente impostos e cumprir a legislação tornou-se insuficiente para serem respeitadas e queridas pela sociedade. Precisam ter um comportamento ético, socialmente responsável e adotar políticas de preservação e respeito ao meio ambiente. A comunicação pode ajudar muito no fortalecimento e na divulgação dessa cultura para todos os *stakeholders*, apoiar o diagnóstico em comunidades, sugerir ações para colocar em prática as políticas definidas pelas empresas, suas fundações ou organizações do terceiro setor que apoiam ou são suas parceiras.

Dicas práticas para elaborar um diagnóstico da comunicação é o conteúdo do terceiro capítulo. No texto, você verá que a busca de informações em todos os meios de comunicação disponíveis, associada à capacidade de análise e formação de cenário, é condição indispensável para construir o cenário da empresa, suas fraquezas e fortalezas.

O plano de comunicação é a etapa seguinte. Sem ele, não dá para trabalhar e fazer a gestão de todas as atividades que estão previstas. Precisa ter começo, meio e fim e estar "casado" com o planejamento estratégico para que os resultados esperados sejam alcançados.

Empresas adotam vários modelos para estruturar a sua área de comunicação. Uma grande parte terceiriza o serviço para agências de comunicação, que, no mercado, costumam ser chamadas de *PR*.

E aqui vale uma explicação: *PR* são as iniciais de *Public Relations*, como as agências de relações públicas são chamadas em países da Europa e nos Estados Unidos, regiões onde o setor mais se desenvolveu. A designação em inglês vem sendo aplicada muito no Brasil à medida que as assessorias de imprensa transformaram-se em empresas de relações públicas. Deixaram de atuar apenas com foco nos jornalistas e passaram a trabalhar com todos os *stakeholders* importantes para uma empresa e ferramentas disponíveis no mercado.

A web provoca reviravoltas todos os dias no mundo da comunicação. No capítulo "O universo web" falamos especificamente desse assunto. Nosso enfoque é que a oferta de aparelhos e serviços cada vez mais inovadores não dispensou as práticas tradicionais. Saber tudo de web não libera um profissional da exigência de ter texto final, ser muito bem informado e, principalmente, capaz de construir cenários. Tem que ser mais ágil para absorver as novidades e, ao mesmo tempo, contextualizá-las. Só assim é possível exercer o papel de consultor em comunicação.

Pensando nos principais *stakeholders* de um plano de comunicação, focamos a imprensa. Os jornais e revistas impressos têm um papel inquestionável na construção da imagem e reputação de empresas, marcas e pessoas. Saber relacionar-se bem com a mídia é uma arte. Em momentos de comunicação virtual e instantânea, mais ainda, como enfatizamos no capítulo "Relacionar-se com a imprensa na era da web".

Como fazer uma boa comunicação financeira? Essa é uma grande preocupação das companhias abertas. Atentas a sua governança corporativa, têm todo o interesse em manter os seus *stakeholders*, especialmente acionistas, investidores e formadores de opinião do mercado muito bem informados. Quem está crescendo no mundo dos negócios, mesmo que seja de capital fechado, compartilha a preocupação de ser percebido de forma correta pela sociedade. Esse é o conteúdo do capítulo "Comunicação financeira". O texto contém algumas recomendações básicas sobre como divulgar bem um balanço financeiro.

Boa parte dos entrevistados que colaboraram com o conteúdo deste livro citaram a comunicação interna como uma área que ainda precisa de muita atenção dentro das empresas. Durante décadas, a visão que prevalecia era a atenção ao público externo. A informação aos empregados restringia-se basicamente às formalidades trabalhistas. O cenário vem mudando com muita rapidez, especialmente depois que as redes sociais tornaram-se um canal de manifestação importante e acessível à sociedade, como abordamos no capítulo "Comunicação interna".

Assim como todos os setores da economia, a gestão da comunicação passou a exigir um novo olhar. A informalidade está cedendo espaço aos processos necessários ao seu bom funcionamento e à interação com as outras áreas da empresa, como a jurídica e a financeira. "Disciplina criativa" é o título do penúltimo capítulo, que trata desse tema.

De nada adianta fazer um plano criativo, conseguir uma grande exposição na mídia tradicional e virtual se não houver a mensuração dos resultados. A ausência de modelos eficientes de apuração reforçava a percepção de que comunicação era custo. A situação está mudando com muita rapidez. Empresas estabelecem metas e condicionam os bônus de seus executivos à conquista dos resultados que, claro, tenham a ver com o planejamento estratégico. E esse é o tema do último capítulo deste livro.

Por fim, é sempre bom ter em mente que, em comunicação corporativa, nada está pronto. Cada projeto, por mais convencional que pareça, requer um olhar diferenciado e dirigido. A criação de soluções customizadas – feitas de acordo com o perfil e características de cada empresa – exige o conhecimento profundo sobre o impacto de cada ferramenta que a tecnologia coloca à nossa disposição. Escolher o melhor caminho depende da capacidade de contextualizar e projetar cenários para os negócios e a sustentabilidade das empresas. E de ser humilde para aprender todos os dias.

A opinião de jovens profissionais de comunicação corporativa foi uma maneira que encontramos de levar a vocês a percepção sobre como é trabalhar em relacionamento com mídia, comunicação financeira, análise e captura de notícias, espaço web e relacionamento institucional. Os depoimentos resultaram em um vídeo, que pode ser acessado no site http://www.maquina.inf.br.

Ao final do vídeo você poderá brincar com o mundo virtual por meio da Realidade Aumentada. A RA é uma tecnologia de computação gráfica que permite unir imagens do mundo real com o virtual. No exemplo que trazemos na orelha direita deste livro, basta posicionar o símbolo em frente à câmera do seu computador. Na tela, aparecerá um cubo tridimensional que você poderá movimentar à distância.

A brincadeira é apenas uma ideia para ilustrar o que destacaremos muito no decorrer do livro: as fronteiras que separavam mundo real e virtual já não existem, e isso amplia oportunidades para criação de soluções para as empresas. A RA é uma tecnologia que começa a ser utilizada em várias áreas da comunicação e do marketing. Em divulgação de produtos, por exemplo, símbolos impressos nas embalagens acionam mensagens virtuais que enriquecem o conteúdo. Em livros, uma imagem impressa pode ganhar outras dimensões e movimentos na tela que interagem com o leitor.

A expectativa é que o uso de *tablets* e celulares inteligentes estimulem a utilização dessa ferramenta. Empresas como Google, Intel, Apple, Nokia, Qualcomm e Samsung estão desenvolvendo estratégias de RA. E, por incrível que pareça, RA não é uma tecnologia tão nova assim. Surgiu em 1990 na Universidade de Columbia, mas sua utilização só se tornou possível com a modernização dos computadores.

Para quem está chegando agora

A VISÃO "DO TODO" DA COMUNICAÇÃO CORPORATIVA

A comunicação corporativa de uma empresa é um conjunto de ações que ela executa para interagir com os públicos que são essenciais para a sua reputação (imagem), negócio (desempenho financeiro) e sustentabilidade. Seu principal objetivo é fazer com que a empresa seja corretamente percebida pelos seus *stakeholders*, os grupos com os quais quer se relacionar. Para que isso aconteça, é preciso um plano de comunicação muito bem estruturado e alinhado com o planejamento estratégico, o farol que mostra aonde a empresa quer chegar no curto, médio e longo prazos.

Os *stakeholders* variam conforme o perfil e setor do negócio, mas, em linhas gerais, podem ser: empregados, acionistas, clientes, investidores, fornecedores, governo, organizações do terceiro setor, órgãos de defesa do consumidor ou regulatórios como aqueles que estabelecem as regras para o funcionamento de determinado setor, casos da aviação comercial, energia elétrica, telecomunicações e outros. A imprensa e os internautas são públicos-alvo que, ao mesmo tempo, transmitem as informações aos outros. Nos ambientes das redes sociais estão espalhadas pessoas que podem fazer parte de todos os grupos como jornalistas, empregados, clientes e autoridades.

O processo de comunicar, quando bem integrado, cria uma identidade para a empresa e suas marcas, que passam a ser reconhecidas pelos atributos informados aos seus *stakeholders*. Pode ser o caso de uma instituição financeira que aderiu ao tema da sustentabilidade e quer ser lembrada por meio desse atributo. Ou uma rede de varejo com clientes das classes D e E que percebeu o desejo que seus consumidores têm de serem reconhecidos como classe C ou B. Para atender a esse anseio, passa a fazer mudanças nas suas lojas e linhas de produtos que, bem comunicadas, manterão a fidelidade de seus consumidores.

O ideal é que a comunicação corporativa não ande isolada do planejamento publicitário ou de propaganda. Apesar de a forma de transmissão do conteúdo ser diferente e de a propaganda pagar pela sua exposição, as mensagens têm que ser as mesmas. Se a ideia, por exemplo, é reposicionar uma marca popular de lingerie e dar a ela uma percepção de produto que pode ser comprado também por clientes de maior poder econômico, o plano de comunicação corporativa terá como objetivo informar esse público sobre os atributos que atendem aos seus anseios. É importante considerar o novo design e as cores, os investimentos, se o algodão utilizado é produzido em fazendas que respeitam o meio ambiente e valorizam sua relação com a comunidade, entre outros. Pautas com esse foco serão oferecidas à imprensa e a blogueiros especializados em estilo, moda, sustentabilidade e marketing. Sua publicação dependerá do interesse despertado pelo tema. A propaganda, por sua vez, criará anúncios que passem as mesmas ideias e cuja veiculação tem a garantia do espaço pago. No anúncio de uma união de empresas ocorre o mesmo. Haverá um plano de comunicação estruturado para informar os *stakeholders* atingidos pela operação e pelos anúncios pagos que reforçarão as mesmas mensagens.

NINGUÉM SABE TUDO

Um projeto de comunicação que tenha essas premissas promove a interação e o diálogo com todos os públicos de interesse da organização. Por meio dessas trocas, a empresa vai criando a sua rede de relacionamentos com a sociedade. Não se trata mais de um movimento de cima para baixo ou com uma direção precisa e calculada, mas um intercâmbio em que vários atores interferem porque detêm conhecimento e ferramentas para exercer esse papel.

Prestar atenção ao universo virtual das redes, blogs e comunidades é quase uma garantia de público futuro porque esse é o mundo que as pessoas mais jovens – consumidores de seus produtos, defensores e divulgadores de suas marcas – habitam. É também o espaço em que seus detratores podem exercer poder de crítica. Por isso é importante conhecê-lo, ver como funciona e começar, desde já, a trabalhar com ele.

Um estudo do Boston Consulting Group (BCG) prevê que, até 2015, dobrará o número total de usuários da internet no grupo de países Brici – Brasil, Rússia, Índia, China e Indonésia. Serão 1,2 bilhão de usuários, três vezes mais do que nos Estados Unidos. O estudo afirma que esse crescimento será estimulado principalmente pelos jovens. No Brasil, a Pesquisa Nacional por Amostra de Domicílios (PNAD) de 2009, feita pelo Instituto Brasileiro de Geografia e Estatística (IBGE), mostrou que 71,1% dos jovens com 15 a 17 anos já acessavam a internet. Em pessoas entre 18 e 19 anos, essa taxa era um pouquinho menor, 68,7%, mas caía abruptamente entre os indivíduos com 50 anos ou mais, 15,2%. Não levar em conta esse movimento significa trabalhar para informar e se relacionar com uma espécie em extinção.

PODER DISTRIBUÍDO

O advento das redes sociais acabou com a sensação de controle que significa entrevista, análise da reportagem publicada, contabilização dos centímetros ocupados pela matéria nos jornais e entrega do resultado ao porta-voz do assunto. Mesmo que a opção seja por uma estratégia de divulgação com foco apenas na imprensa, a repercussão pode vir dos blogs, comunidades virtuais, Twitter ou até mesmo de um simples SMS, o popular "torpedo", que pode ser enviado pelo mais rudimentar dos aparelhos celulares. Mesmo que o plano inicial tenha desconsiderado os internautas, talvez seja necessário interagir diretamente com eles para evitar que o projeto anunciado seja colocado em risco e para informá-los sobre o conteúdo da comunicação que está sendo feita.

O professor de Sociologia e diretor do Instituto Interdisciplinar de Internet da Universitat Oberta de Catalunya, em Barcelona, Manuel Castells, lembrou, em uma entrevista à imprensa, o poder de fogo que pode ter uma mensagem disseminada por meio de SMS. Em 2004, o governo do espanhol José Maria Aznar foi acusado de ter mentido sobre a autoria do atentado terrorista em trens que se dirigiam à estação de Atocha, em Madri, que causou a morte de 192 pessoas. Atribuiu o atentado ao grupo separatista basco ETA, quando, na verdade, se tratava da Al Qaeda. A descoberta da verdade, na véspera da eleição presidencial espanhola, foi compartilhada por SMS e levou milhões de jovens às urnas. E isso mudou o resultado do pleito. O socialista José Luis Zapatero venceu Aznar.

OS ANOS 1990

Para entender melhor o que essa mudança significou para o mercado e para o trabalho de quem entra no mundo da comunicação, vamos voltar um pouco no tempo. Até os anos 1990, a atividade de divulgação de uma empresa e seus produtos era focada principalmente nos jornalistas. Por meio deles, tentava-se chegar à população. A preocupação de identificar os *stakeholders* mais importantes para o negócio e definir qual seria a maneira adequada para se comunicar com cada um desses grupos não era tão presente, como passou a ser nos anos que se seguiram.

A comunicação com os empregados, por exemplo, restringia-se principalmente às informações formais sobre salários e benefícios emitidas pela área de recursos humanos. Não prevalecia uma comunicação integrada e focada na estratégia de negócios e de imagem da empresa.

Informava-se as novidades como lançamento de produtos, inaugurações de novas fábricas, entrevistas de executivos por meio de *press releases* enviados às redações pelo correio ou por *office boys*. Não era prática muito comum o contato mais direto com o jornalista da redação. Na maioria das vezes, essa "interação" se restringia ao *follow up* (ligação telefônica para confirmar o recebimento da correspondência com o *press release*). Atualmente, o *follow up* continua sendo uma atividade da comunicação – especialmente em relações com a mídia – mas o modo de fazer adaptou-se aos novos tempos. O contato também é feito por e-mail ou até mesmo por meio de torpedo. Na maioria das situações já não se limita a uma ação mecânica para checar se a informação chegou. Ao contrário, há o intuito de colocar a equipe à disposição para elucidar dúvidas sobre o assunto, explicar melhor a pauta que foi oferecida, ser, enfim, um apoio efetivo para que o trabalho tenha o resultado esperado.

Naqueles anos, era mais rara a prática do assessor em sugerir uma pauta que tivesse interesse jornalístico e que, ao mesmo tempo, provocasse uma exposição positiva para o seu cliente. Quem andou pelas redações nessa época lembra bem de envelopes chegando com informações que muitas vezes não tinham apelo algum, e de editores que não se davam "sequer" ao trabalho de abri-los. Havia um "descasamento" entre a informação produzida pela assessoria de relações públicas ou imprensa e aquela que poderia ser uma pauta para uma reportagem. Isso tudo sem falar na relação conflituosa que existia entre o repórter e o assessor. Para o jornalista de redação, o assessor de imprensa barrava o seu trabalho. Era visto como uma espécie de "porta-voz" oficial que mascarava a verdade. Para o assessor, o repórter era o profissional que avançava o sinal e perguntava mais do que devia.

Quando algo negativo acontecia – casos como acidentes de trabalho ou suposto envolvimento de donos ou executivos em ilegalidades –, respondia-se algo evasivo e apenas se houvesse o "vazamento" da informação ou se algum repórter descobrisse. Pensar em tomar a iniciativa para comunicar à opinião pública não era algo que passava pela cabeça da maioria dos executivos e seus assessores. Agir assim, atualmente, é um "suicídio corporativo", porque a informação flui para todos os lados e vem de inúmeras direções por meio das redes sociais e até do torpedo. A sociedade não aceita mais respostas evasivas. Há cada vez mais meios para fiscalizar, questionar e emitir a sua opinião sobre produtos, marcas e o comportamento empresarial.

POTENCIAL PARA CRESCER

Existem indicações evidentes de que há ainda muito para evoluir na cultura da comunicação dentro das empresas. O Databerje – instituto de pesquisas da Aberje – consultou uma amostra de 200 companhias entre as mil maiores do ranking do jornal *Valor Econômico*, em novembro de 2010. O objetivo era saber o que os seus presidentes pensam da comunicação corporativa. Somente 35 responderam ao questionário. Outros 38 decidiram não participar. O restante havia solicitado prorrogação do prazo para a devolução dos formulários preenchidos. Em entrevista ao jornal, a diretora da

Aberje, Suzel Figueiredo, diz que o resultado sugere que muitos comunicadores ainda não têm acesso fácil aos presidentes das empresas onde atuam. Entre os que enviaram as respostas, 66% informaram que o reporte da comunicação se dá diretamente com a presidência, mas 21% consideraram que o engajamento das suas diretorias com o tema está abaixo do esperado.

Publicada com exclusividade pelo *Valor Setorial – Comunicação Corporativa*, a pesquisa revelou outro dado interessante e que se refere aos públicos com os quais os líderes se sentem mais à vontade. Os clientes estão na dianteira e foram apontados em 75% das respostas, o que era esperado, já que o relacionamento com esse público é muito bem sedimentado porque está diretamente relacionado à atividade principal para os negócios da empresa (*core business*). Em compensação, ONGs, governo e imprensa são os públicos que causam mais desconforto.

Outra pergunta feita pela pesquisa visava identificar os *stakeholders* que deveriam receber mais atenção dos presidentes no futuro. Os funcionários apareceram em primeiro lugar, com 78%, seguidos dos clientes, 66%, e da imprensa, 60%. As ONGs foram citadas apenas por 33% dos presidentes e ficaram em último lugar, atrás dos investidores, com 45%, e do governo, 42%. Mesmo com as diferenças de importância concedidas aos públicos, Suzel Figueiredo aponta como um fator positivo que todos os líderes que participaram da pesquisa já dedicam parte de seu tempo ao relacionamento com seus públicos.

É cada vez maior o número de empresas que enxergam a comunicação como uma parceira importante para informar a sociedade sobre como funcionam os seus processos de gestão e o modelo de trabalho que adotam. Wilson Amaral é presidente da Gafisa, uma das maiores companhias da área imobiliária no país e a única do setor com ações negociadas na Bolsa de Nova York, e defende o trabalho de construção da percepção de gestão da empresa como fator essencial no trabalho de recrutamento e seleção de profissionais talentosos. "Comunicar bem e direto é um instrumento muito poderoso para o desenvolvimento da empresa". Ele estima que 60% de sua jornada diária é absorvida por situações que envolvem comunicação nos vários níveis do negócio que preside.

Revelar para o público externo como a empresa trabalha internamente, seus valores e objetivos é uma forma certeira de atrair os talentos que se encaixam no perfil do seu negócio. Nenhuma empresa é igual à outra e a estratégia de comunicação aplicada precisa atrair quem realmente importa e tenha a cara do seu negócio.

Para colocar em prática o projeto de comunicar é preciso escolher ferramentas certas, além de informações relevantes, e descobrir onde estão esses talentos em potencial. Uma superexposição na mídia impressa ou uma pulverização pura e simples nas redes sociais nem sempre trará o retorno esperado.

Para muitas empresas, a medida é outra. O quanto o trabalho de informar e comunicar fez a diferença, efetivamente, para a meta de contratação de pessoas com o perfil desejado pela empresa? Esse é um desafio permanente.

QUANDO TUDO COMEÇOU

Os primeiros registros da prática da assessoria de imprensa e relações públicas no Brasil são do início do século xx. Em 1914, a companhia Light (The São Paulo Trainway Light and Power Company Limited), antiga Eletropaulo, criou uma área interna de relações públicas. Nove anos depois, fundou o *Boletim Light*, considerado o primeiro *house organ* – nome que é dado a veículos de comunicação, jornais ou revistas, produzidos por empresas – do Brasil.

Os imigrantes italianos e espanhóis que, nessa época, desembarcavam em São Paulo aos milhares, trouxeram com eles o anarquismo. Para divulgar suas ideias, panfletos e jornais eram produzidos. Distribuídos em portas de fábrica, serviam de contraponto ao conteúdo dos veículos oficiais das empresas. A efervescência do momento estimulou o nascimento de outras fontes de divulgação por parte da indústria. A revista *General Motors*, lançada pela GM do Brasil em 1926, é um exemplo.

Os anos 1930 marcaram a chegada de Getúlio Vargas ao poder. A época foi um marco no uso da informação para fortalecer a imagem do governante e do regime. Foi nesse período, em 1935, que nasceu o programa radiofônico *A Voz do Brasil*, que continua sendo transmitido. Sua função básica era disseminar as notícias do governo, poderes judiciário e legislativo, por meio da imposição de cessão de um horário por todas as emissoras de rádio do país. Nos anos mais recentes, o setor, liderado pela Associação Brasileira das Emissoras de Rádio e Televisão (Abert), tem atuado institucionalmente para conseguir flexibilizar a transmissão do programa. Uma de suas justificativas é que, na época da criação da *Voz do Brasil*, havia apenas 41 emissoras no país. Em 2011, já são mais de nove mil, sendo que 684 formam a rede governamental e educativa de rádio e TV. Outros argumentos são a queda da audiência no horário do programa – de uma média de 19,42% para 2,44% – e as mudanças nos meios de transmissão das notícias.

Voltando à era Vargas, em 1937, Getúlio tornou-se ditador e, por meio de um golpe, instituiu o Estado Novo. Dois anos depois, criou o Departamento de Imprensa e Propaganda (DIP), que "comanda a censura e glorifica Getúlio, o Pai dos Pobres", definição que está em *A ditadura derrotada*, do jornalista Elio Gaspari. O modelo do DIP foi copiado do aparato de comunicação nazista, que teve como líder e mentor Joseph Göebbels, ministro da propaganda de Hitler. Os censores do regime getulista, que proibiam a publicação de matérias consideradas por eles "nocivas" ao governo, eram também os responsáveis pela propaganda e divulgação oficial. O DIP foi extinto em 1945, com o fim do Estado Novo. A partir daí, até o golpe militar de 1964, a prática de relações públicas seria tema de estudos e encontros, inclusive nas universidades. Integrada aos cursos de Administração, tornou-se matéria específica em 1969, conta Maristela Mafei em seu livro *Assessoria de imprensa: como se relacionar com a mídia.*

No regime militar, o governo passou a contar com a Assessoria Especial de Relações Públicas (AERP). Criada por intermédio de um decreto do General Arthur da Costa e Silva, foi concebida e chefiada pelo coronel Hernani d'Aguiar, egresso do curso de Relações Públicas da PUC do Rio de Janeiro. A AERP tinha a função básica de propagandear o regime autoritário, além de estimular campanhas ufanistas sobre o país e seus governantes. Fez uso ostensivo de assessores de imprensa com a função de garantir a "acolhida" dos *press releases* oficiais nas redações. Não era raro profissionais trabalharem como assessores de comunicação no governo ou seus órgãos e, ao mesmo tempo, exercerem cargos nos veículos da imprensa. No governo Médici, a AERP ganhou *status* de ministério e tornou-se um órgão ainda mais estratégico no uso e na manipulação da informação – com o suporte da censura – para fortalecer o regime e suas lideranças. A grande maioria dos *press releases* oficiais que "pousavam" nas redações tinha um português sofrível e eram generosos em adjetivos elogiosos aos governantes. Não havia a preocupação em divulgar os fatos que realmente eram de interesse público. E isso contribuiu para que, durante muito tempo, os jornalistas tratassem os assessores de imprensa com preconceito ou indiferença.

SURGEM A ABERJE E A ABRACOM

Se, por um lado, havia o esquema governamental de divulgação e imposição de informações, por outro, o setor privado preocupava-se com a profissionalização da atividade de comunicação das empresas. A fundação da Associação Brasileira de Comunicação Empresarial (Aberje), em 1967, significou um passo muito importante nessa direção. Com a visão de ser o "centro de referência da produção e disseminação de conhecimento e práticas de comunicação e relacionamento, inspirando as organizações e suas estratégias de gestão", a Aberje é uma das entidades mais importantes do setor. Em seu site é possível acompanhar a programação de cursos e treinamentos, além de artigos e notícias sobre experiências e *cases* do setor. Periodicamente, realiza pesquisas – algumas citadas neste livro – essenciais para traçar cenários sobre a atividade.

A partir da redemocratização, no final dos anos 1980, três fatores deram um forte impulso à profissionalização da comunicação corporativa. Houve a abertura do mercado para o setor automobilístico, logo no começo da década, seguida pelo processo de privatização de empresas de telecomunicações, de energia e da Vale, e pelo nascimento do Código de Defesa do Consumidor (CDC).

Com a lei, os consumidores ganharam um novo *status* jurídico na garantia dos seus direitos, e os meios de comunicação passaram a dar mais espaço às relações de consumo. Jornalistas especializaram-se no tema e foram criadas colunas com reclamações, denúncias e pautas que esmiuçavam os direitos garantidos pelo CDC, sempre que um fato novo vinha à tona. E o movimento não parou mais. Para fazer valer o que julga ser os seus direitos, o consumidor passou a utilizar redes sociais e ferramentas de tecnologia, induzindo empresas e profissionais de comunicação a uma melhoria constante nos seus serviços e formas de interação com o público que compra seus produtos.

A privatização de serviços públicos mudou a estrutura de capital e de poder de empresas muito importantes para a população e o mercado. Os novos donos eram grupos privados que tinham que atender a uma população ávida por serviços públicos de qualidade. No setor automobilístico, o acesso a marcas e modelos só comercializados no exterior exigiu investimentos em comunicação de quem já estava no país e precisava garantir o seu espaço, e de quem vinha de fora e ainda era um ilustre desconhecido dos brasileiros.

Esses fatores provocaram um aumento na demanda por profissionais de comunicação. Jornalistas experientes deixaram as redações rumo às agências ou então para estruturar as áreas de comunicação das empresas. Houve uma "mescla" de experiência. Quem vinha dos jornais ou emissoras de rádio e televisão trazia para dentro das empresas e das agências algumas das práticas que fazem um bom repórter, como a curiosidade e certa dose de ceticismo como estímulo a questionamentos sempre necessários para se produzir uma pauta de interesse público. O trabalho passou a considerar o perfil dos veículos de imprensa, o funcionamento das redações, a sua hierarquia e a rigidez dos horários de fechamento.

Do lado dos assessores e executivos de empresas, havia a convivência estreita com o mundo corporativo e dos negócios, algo muito distante do ambiente informal dos jornais. Nasceu um novo perfil de profissional – mais completo. E ele chegava em boa hora. A sociedade queria respostas e as empresas entenderam que respondê-las era fundamental para a construção de sua imagem e reputação.

A comunicação para as companhias ganhou *status* de negócio. Cresceu o número de empresas de assessoria de imprensa que, ao longo do tempo, tornaram-se agências de comunicação que buscavam atender à crescente demanda do mercado. No ano de sua criação, em 2002, a Associação Brasileira das Agências de Comunicação (Abracom) contava com a participação de 56 agências. No final de

2010 já possuía cerca de 350 associados, que, juntos, faturavam em torno de R$ 1,5 bilhão.

Os números, no entanto, são bem maiores porque boa parte das assessorias e agências ainda não faz parte da entidade. Seu presidente, Ciro Dias Reis, credita à globalização e internacionalização das empresas a evolução dos serviços e crescimento do mercado de comunicação corporativa. "Foi um processo da economia que se refletiu na nossa atividade de comunicação". Para atender às necessidades de seus clientes, as empresas de comunicação fecharam acordos e parcerias com redes e agências internacionais que derrubaram as limitações geográficas e possibilitam o atendimento a demandas em qualquer lugar do mundo sem restrições de logística ou horário. Essa interação facilita a troca de conhecimentos e de experiências, algo sempre muito saudável ao mundo dos negócios.

Sustentabilidade

SUSTENTABILIDADE É ASSUNTO DE SOBREVIVÊNCIA

Negócios perenes e marcas respeitadas pela sociedade dependem da troca que estabelecem com o seu entorno social e com o meio ambiente. O modelo é irreversível e já permeia toda a estratégia de comunicação de um número cada vez maior de empresas. O entendimento de que bastava gerar resultados aos acionistas, pagar religiosamente os impostos e cumprir a legislação trabalhista era suficiente para garantir um lugar ao sol no mundo dos negócios foi ultrapassado. A conscientização acerca da finitude dos recursos naturais e o olhar atento dos clientes e consumidores sobre as práticas empresariais relacionadas à sociedade e ao meio ambiente exigiram um reposicionamento.

O desenvolvimento sustentável é amparado em um tripé – *triple bottom line* – formado pelas dimensões econômica, social e ambiental. A primeira delas, como já nos referimos, diz respeito aos resultados financeiros da empresa, práticas tributárias etc. A dimensão social compreende as políticas relacionadas ao fim do trabalho infantil, escravo, discriminação racial ou social, além da valorização dos direitos humanos, ética nas relações com os *stakeholders* e com a concorrência, por exemplo. No que se refere ao meio ambiente, estão as condutas que preservam os recursos naturais e a biodiversidade, redução no consumo de energia, água e emissões de gases de efeito estufa, utilização de materiais reciclados etc. Essas dimensões precisam coexistir para que se solidifique um modelo de negócios cujo comprometimento com o futuro vá além das suas fronteiras físicas e de mercado.

NÃO BASTA PARECER. TEM QUE SER!

Uma empresa que divulga em seu relatório social que tem ações de preservação do meio ambiente, mas compra matérias-primas elaboradas com mão de obra infantil ou escrava não pratica o desenvolvimento sustentável. Outra, reconhecida pelos resultados de curto prazo que proporciona aos seus acionistas, mas descomprometida com o impacto das emissões de carbono de suas fábricas no meio ambiente, cedo ou tarde será punida pelos seus clientes ou consumidores. Ninguém, em sã consciência, quer arriscar a sua reputação por ter em sua cadeia de suprimentos um fornecedor desalinhado e adepto a práticas econômicas, sociais ou ambientais nocivas.

O caso Nike, apesar de ter ocorrido em 1997, continua vivo na memória de parte da opinião pública. A corporação americana amargou perdas gigantescas em vendas e reputação porque foi acusada de contratar fornecedores que exploravam o trabalho infantil na Indonésia. A força da marca não foi suficiente para conter os prejuízos financeiros e de imagem provocados por boicotes ao consumo de produtos com suas marcas. Na época, a Nike aceitou uma proposta do então presidente Bill Clinton para, junto com outras empresas norte-americanas, desenvolver padrões globais de trabalho que incluíam o monitoramento independente das condições de trabalhadores do Terceiro Mundo. Em 2010, a empresa anunciou que busca tornar-se referência na questão ambiental e pretende estar no time daquelas que lideram a corrida rumo à sustentabilidade. No Brasil, denúncias sobre trabalho escravo e infantil, em sua rede de fornecimento de matérias-primas, produtos ou serviços já tiraram o sono de algumas das maiores empresas de vários setores e as obrigaram a se reposicionar com responsabilidade e prestar atenção às práticas de seus fornecedores.

A consultora Joana Bicalho, professora nas áreas de Gestão de Responsabilidade Socioambiental, Marketing e Comunicação, faz uma análise dos motivos que levam o consumidor a escolher determinadas marcas e artigos. Em um texto que publicou no livro *Gestão da comunicação e responsabilidade socioambiental*, ela lembra que a competitividade por preço e a customização – produto personalizado – deixaram de ser os grandes diferenciais:

> A imagem que a empresa possui passa a ser fator decisivo de compra para a fatia cada vez maior da sociedade. Aumenta o número de clientes e consumidores querendo ter a certeza de que a qualidade de suas vidas não está sendo comprometida pelos crescentes interesses empresariais por lucros.

Os investidores têm preocupação semelhante. A BM&FBovespa mantém, desde 2005, o Índice de Sustentabilidade Empresarial (ISE), formado por ações de empresas consideradas socialmente responsáveis. As aplicações "geram valor ao acionista no longo prazo, pois estão mais preparadas para enfrentar os riscos econômicos, sociais e ambientais", define. Antes disso, em 1999, já havia sido criado o Índice Dow Jones de Sustentabilidade – DJSI –, o primeiro a avaliar empresas listadas na bolsa americana com critérios de sustentabilidade.

O Centro de Estudos em Sustentabilidade da Fundação Getulio Vargas (FGV), de São Paulo, criou uma metodologia para que o Guia Exame 2010 de Sustentabilidade apurasse como as empresas brasileiras vêm se comportando em relação ao assunto. Oitenta e três por cento das companhias que responderam ao questionário afirmaram que adotam critérios para qualificar, selecionar e monitorar seus fornecedores. Caso descubram que algum deles está envolvido com trabalho infantil, também 83% das empresas revelaram que a decisão é pelo seu descredenciamento, e apenas 24% delas ajudam o parceiro a erradicar o problema. Outro dado importante revelado pela pesquisa é que 89% das empresas entrevistadas disseram que seu compromisso com desenvolvimento sustentável está no planejamento estratégico.

AS CRENÇAS DE CADA UMA

Empresas têm a sua forma de colocar em prática as políticas de sustentabilidade e as ações que formam o Investimento Social Privado (ISP), definido pelo Grupo de Institutos, Fundações e Empresas (Gife) como "repasse de recursos privados para fins públicos por meio de projetos sociais, culturais, ambientais, de forma planejada, monitorada e sistemática". Boa parte delas exerce esse papel por meio de fundações e institutos que levam o seu nome ou dos seus fundadores e que desenvolvem atividades fundamentadas nas suas crenças e na relação que têm com a comunidade e com o mercado, especialmente o seu setor de atuação.

O Instituto C&A nasceu em 1991 como resposta a um desejo dos acionistas da rede internacional de lojas. Eles queriam institucionalizar as políticas sociais que já vinham desenvolvendo no Brasil. Seu foco é a educação de crianças e adolescentes e o envolvimento dos funcionários em um programa de voluntariado. A Fundação Vale concentra os seus esforços nas áreas em que a empresa está presente. Está em sua missão a contribuição "para o desenvolvimento integrado – econômico, ambiental e social em territórios onde a Vale atua". Essas entidades ajudam as empresas a dialogar com os seus *stakeholders* em um terreno que não é o do mercado – venda de produtos e serviços. "Os institutos e as fundações são a inteligência social da empresa", define um documento elaborado pelo Gife, pelo Instituto Ethos de Responsabilidade Social, pela Fundação Avina (instituição suíça que atua pelo meio ambiente e apoia ações de educação ambiental na escola pública) e pela Ashoka (entidade internacional sem fins lucrativos com foco no estímulo ao empreendedorismo social).

As fundações e os institutos mantidos por empresas têm atividade externa – por meio de ações com a comunidade e meio ambiente – e interna, porque ajudam a engajar empregados, dirigentes e acionistas em campanhas e projetos apoiados pela companhia. Possuem duas vantagens: conhecem o negócio e sabem como se relacionar com a sociedade, associações comunitárias – moradores, indígenas, quilombolas, pequenos produtores rurais etc. – educacionais, culturais, esportivas e organizações do terceiro setor em geral. Exercem o papel de "consultoria" nos projetos empresariais que exigem um olhar para a comunidade.

Há empresas que trabalham de outra forma. Não constituíram fundações e nem institutos, mas têm uma linha de trabalho definida bem como visão e valores que respaldam sua cultura da sustentabilidade. Para colocar em prática as suas políticas, fazem parcerias com organizações do terceiro setor, fundações e institutos independentes – Fundação Abrinq pelos Direitos da Criança e Instituto Ayrton Senna, por exemplo – ou então ligados a outras empresas.

As equipes de comunicação que se dedicam a esse trabalho costumam também participar de discussões e sugerem iniciativas em políticas públicas relacionadas a temas sociais e ambientais. Estar dentro desse debate e interferir em decisões que terão impacto na sua atividade ou negócio é um objetivo muito claro de algumas companhias, conscientes de que serão afetadas pelas mudanças e novas leis que visam preservar o meio ambiente ou a dar garantias a grupos sociais e étnicos em assuntos como, por exemplo, a demarcação de terras indígenas e os direitos dos quilombolas. A Política Nacional de Resíduos Sólidos (PNRS) obriga as empresas de alguns setores, como eletroeletrônicos e componentes, pilhas, baterias e pneus a darem um destino adequado a esses produtos quando são descartados pelo consumidor. Os grandes projetos de infraestrutura, como construção, transporte e energia exercem impacto no seu entorno social e ambiental. Além de condicionada ao cumprimento da legislação, sua viabilidade está cada vez mais dependente do diálogo que controladores, líderes de empresas e até o governo mantêm com a sociedade. A proteção da biodiversidade, florestas, nascentes de água são fatores que afetam o futuro das corporações direta ou indiretamente. Isso se dá porque elas usam matérias-primas provenientes dessas áreas ou fabricam produtos destinados a esses setores e, principalmente, pela pressão da sociedade, cada vez mais atenta a práticas que colocam em risco o futuro do planeta.

O comprometimento com as pessoas e o meio ambiente pode permear o mais "singelo" dos negócios desde que os fundadores e líderes da empresa sejam adeptos desses valores. Divulgar essas práticas nem sempre exige investimentos que contrastam com a capacidade financeira da empresa. A disseminação da cultura entre os empregados é uma das primeiras atitudes a tomar. Se sentirem firmeza no caminho escolhido pelo seu empregador, eles se encarregarão de divulgar as práticas por meio de seus contatos pessoais e redes sociais. É importante que as mensagens e os valores que norteiam o posicionamento sustentável da empresa estejam muito bem situados no site e em todos os materiais de divulgação externa, sejam eles para clientes, fornecedores ou comunidade.

GESTÃO DA SUSTENTABILIDADE – *CASE* AMBEV

Se você entrar no site da Ambev e procurar por suas metas ambientais, vai se deparar com um modelo de apresentação sempre muito utilizado quando as empresas projetam as suas metas de receita e rentabilidade, algo que a Ambev sempre fez muito bem. Estão lá os indicadores – Água, CO_2 e Resíduos. Você poderá informar-se sobre a situação de cada um deles e qual é a meta prevista pela empresa para os anos seguintes. Além disso, o quadro mostra como a companhia fará isso.

A água é a principal matéria-prima da empresa. Para fazer um litro de cerveja, suas fábricas utilizam 3,9 litros de água, um dos menores índices do mundo. O plano é usar 3,5 litros. Há prazo para que isso ocorra e o bônus dos executivos responsáveis pela meta está condicionado ao seu cumprimento. Tudo é muito claro e está no planejamento estratégico da companhia, que escolheu como visão "ser a melhor empresa de bebidas do mundo em um mundo melhor".

Sem água não existe cerveja ou refrigerante, e não bastava ser eficiente internamente para garantir a sustentabilidade do negócio no futuro. Essa constatação levou a Ambev para fora de suas fábricas. Uma série de iniciativas foi colocada em prática visando chamar a atenção da população para a escassez e finitude do precioso líquido. O Movimento Cyan foi lançado com esse objetivo. No dia do seu anúncio, as capas dos principais jornais e revistas do país amanheceram azuis. Um Prêmio de Jornalismo para destacar as melhores matérias produzidas sobre o tema foi lançado. Em parceria com a USP, a quantidade de água usada em toda a cadeia de produção – Pegada Hidrológica ou *Water Footprint Network* – começou a ser calculada. Bacias hidrográficas, localizadas em áreas de captação da empresa, começam a ser adotadas, em parceria com a ONG WWF-Brasil. A primeira delas – Corumbá-Paranoá – está localizada no Distrito Federal. O site do Movimento Cyan – www. movimentocyan.com.br – é quase uma "biblioteca virtual e interativa" sobre água. Lá é possível trocar informações por meio de redes sociais e acompanhar as notícias publicadas sobre tudo o que tem a ver com o tema. O círculo de políticas ambientais da Ambev é fechado com metas de redução de emissão de CO_2 e o reaproveitamento de 99% dos subprodutos que são resultado da fabricação de bebidas.

Cuidar do braço ambiental não era suficiente para que a empresa fosse percebida pelos seus *stakeholders* como socialmente responsável. Por ser fabricante de bebida alcoólica, precisou investir também na orientação e educação de jovens sobre o risco que o álcool representa para a saúde e qualidade de vida. "Nós não queremos que o consumidor beba e dirija, que exagere no consumo do nosso produto. Não queremos que menor de idade beba. Então temos de atuar junto a ele, sociedade, governo, e ONGs para que sejam criadas políticas públicas que façam isso acontecer", diz o diretor de relações socioambientais da Ambev, Sandro Bassili.

Para colocar os projetos em prática, a empresa trabalha junto com quatro ONGs – Casa do Zezinho, Central Única das Favelas (Cufa), União de Núcleos Associação e Sociedade dos Moradores de Heliópolis e São João Clímaco (Unas) e Instituto Bola pra Frente. O objetivo é atingir jovens de baixa renda, com idade entre 14 e 24 anos, famílias e comerciantes. Os executivos envolvidos só terão bônus se entregarem o prometido no planejamento estratégico.

A companhia não possui uma área específica dedicada à sustentabilidade e responsabilidade social. Há um diretor, que se reporta à diretoria de relações corporativas e ao ceo nacional e global (a Ambev faz parte da InBev, a maior cervejaria do mundo). A crença é a de que, dessa forma, a cultura se dissemina entre todas as áreas de operação da companhia. A comunicação interna exerce um papel fundamental na circulação de informações e engajamento dos funcionários às causas. Há um alinhamento com a área externa – relações com a mídia – tanto no que se refere ao institucional como nas marcas, produtos e eventos. A mídia paga transmite as mesmas mensagens.

O diálogo com as ONGs tem sido uma oportunidade de trocas. Enquanto a empresa as ajuda a trabalhar melhor a sua gestão e resultados – número de pessoas atendidas, qualidade dos serviços prestados etc. –, as ONGs agregam à companhia a sua preocupação com a causa em que estão envolvidas.

"São pessoas apaixonadas que eu gostaria que trabalhassem aqui", resume Bassili.

COMO VOCÊ PODE AJUDAR

A comunicação forma o elo entre as empresas e o seu entorno econômico, social e ambiental. Conclusão: o planejamento não pode isolar os temas relacionados à sustentabilidade e fixar-se apenas nos aspectos mais conhecidos ao longo do tempo, como o desempenho financeiro e a expansão da empresa. Comunicar – e bem – como ela enxerga e aplica as políticas de seu desenvolvimento sustentável, quais são elas, o impacto que exercem na sociedade – é tarefa urgente. E não basta apenas divulgar de forma unilateral esperando uma exposição positiva na mídia tradicional ou não. O relacionamento, a troca de informações e experiências bem como a apresentação de resultados transparentes e objetivos são condições indispensáveis para que os investimentos conquistem a credibilidade dos *stakeholders* e, como consequência, a empresa e suas marcas possam beneficiar-se e fortalecer-se ao longo do tempo.

A partir da visão que a empresa tem para a sua política de desenvolvimento sustentável, a equipe de comunicação pode ajudar a estruturá-la e monitorá-la de várias maneiras. Na sequência, listamos algumas:

1. Mapeamento de atividades e práticas que a empresa desenvolve de forma segmentada, mas que podem ser integradas à política de sustentabilidade.

2. Identificação dos grupos que são afetados pela atividade da empresa e também pelos seus projetos de expansão presentes no planejamento estratégico. Elaboração de uma estratégia antecipada de comunicação e interação com esses públicos.

3. Sugestões de ações para compor a política de desenvolvimento sustentável, organizações e projetos que podem ser apoiados por meio de infraestrutura ou financiamento.

4. Levantamento de lideranças e formadores de opinião para colocar em prática uma agenda de relacionamento visando apresentar os projetos da empresa, seus objetivos, os resultados que são esperados e como devem ser comunicados à sociedade (ferramentas e meios).

5. Propor parcerias com associações da sociedade civil e organizações do terceiro setor que estejam presentes em regiões e setores alinhados aos objetivos de atuação definidos pela empresa.

6. Elaborar e colocar em prática um plano de comunicação para os empregados e parceiros comerciais – fornecedores de produtos ou serviços – visando engajá-los ao projeto de sustentabilidade.

7. Manter uma agenda de relacionamento constante com os principais *stakeholders* visando dialogar com a sociedade. Enviar informações sobre atividades e resultados, propor encontros.

Diagnóstico de comunicação

ONDE COMEÇA O SEU TRABALHO

Estruturar e colocar em prática um trabalho de comunicação requer escolhas nem sempre fáceis de fazer quanto aos caminhos a seguir, ferramentas adequadas, relacionamento e públicos que precisam ser atingidos. A boa notícia é que há parâmetros que ajudam muito. Um deles, indispensável, é o planejamento estratégico, pois ele indicará o rumo que a empresa tomará no curto, médio e longo prazos. A missão, a visão e os valores revelam as suas crenças em relação a pessoas, comunidade, gestão.

A integração desses princípios com a estratégia de comunicação evita o desgaste provocado por resultados que não têm nada a ver com o que a corporação planeja para o seu futuro.

Não há necessidade de conhecer todo o conteúdo do planejamento, mas é muito importante saber as suas linhas gerais e posicionamento. Nem todos os controladores e executivos entendem a relevância de colocar esses dados à disposição na hora de estruturar o plano de comunicação. Faz parte do trabalho do consultor de comunicação mostrar a eles a importância de ter essas informações como base na estratégia de interação com os públicos-alvo. Saber aonde a empresa quer chegar nos próximos anos, sua estratégia de crescimento, de se manter viva no mercado, perfil dos consumidores que deseja ter no seu portfólio e os investimentos previstos são dados que funcionam como farol na condução do trabalho e alinhamento com todos os movimentos que a corporação fará no mercado. O fato de a empresa ter um plano de comunicação estruturado não significa, necessariamente, que ela está comunicando corretamente o que gostaria aos seus *stakeholders*. No mercado, ainda são comuns as situações de descasamento entre o que os acionistas e controladores gostariam de comunicar e o que efetivamente acontece na prática.

ALÉM DAS EMPRESAS

Os modelos de comunicação desenvolvidos para as empresas ou dentro delas costumam ser aplicados também em projetos do terceiro setor ou campanhas patrocinadas por associações setoriais. Nesses casos, o que muda é o foco e o objetivo do trabalho. Enquanto os planos corporativos – de empresas – visam gerar valor aos acionistas, as metas de comunicação do terceiro setor têm outro foco. A disseminação de informações acerca de uma causa defendida por uma entidade ou grupo de pessoas é um exemplo. Se for uma ONG ou associação com atenção em saúde, o objetivo pode ser o aumento nos atendimentos à população e a sua conscientização. A Sociedade Brasileira de Dermatologia (SBD) e a Sociedade Brasileira de Reumatologia (SBR), por exemplo, realizam todos os anos campanhas com esse objetivo.

O setor público tem um grande potencial. Com o refinamento dos processos de licitação – trabalho liderado pela Secretaria de Comunicação da Presidência da República, com apoio da Abracom –, tende a crescer a demanda pelos serviços de comunicação por parte de órgãos e empresas do governo. O trabalho para o setor público exige um conhecimento mais aprofundado em política, além da divulgação de campanhas e ações desenvolvidas pelos ministérios às populações. Seu objetivo final não é o mesmo do setor privado em que, como já falamos, existe um direcionamento muito forte à criação de valor aos acionistas. Exceções são as empresas com ações em bolsa, como a Petrobras. Em situações assim, há um viés financeiro mais relevante. "Teremos que nos adaptar, assim como fazemos com a diversidade cultural das empresas, mas as ferramentas são as mesmas do setor privado", diz Ciro Dias Reis, presidente da Abracom.

Outras especialidades formam o mercado para quem trabalha em comunicação. Entre elas estão a assessoria e consultoria às celebridades, esportes, partidos políticos. Cada setor tem as suas características e exige profissionais com perfil adequado e alocados conforme as suas qualidades. No entanto, as linhas básicas são fundamentais a todos: necessidade de uma estratégia, objetivos claros e definidos e meios para apuração dos resultados.

QUANDO O BARATO SAI CARO

O ideal é que o trabalho em comunicação não tenha uma visão imediatista. Quem atua na área sabe que, em boa parte das situações, a sua equipe é acionada em momentos emergenciais de crise ou exposição negativa na mídia. Ações esporádicas são insuficientes para garantir o crescimento e a manutenção de reputação da corporação. O trabalho desenvolvido é rapidamente esquecido e começa-se tudo de novo sempre que algum imprevisto acontece. "Um dos problemas da comunicação corporativa é transformá-la em caudatária do interesse imediato. Então, não há uma visão de construção sólida de imagem e ter a clareza de saber qual é a essência, de trabalhar os diversos públicos, os diversos meios, o tempo inteiro", diz Antonio Jacinto Matias, consultor do Grupo Itaúsa e vice-presidente da Fundação Itaú Social. A aplicação de um modelo apenas para a execução de ações esporádicas – chamadas de *jobs* pelo mercado – raramente tem custo mais baixo do que o planejamento e a execução de um planejamento de longo prazo.

A soma a ser feita precisa considerar pelo menos dois fatores. A agência ou consultor acionados para socorrer a corporação que está em apuros em dia de crise cobrará uma taxa de urgência. Além disso, não se costuma fazer a conta dos ganhos que proporcionaria a adoção de uma estratégia estruturada, contínua e alinhada aos objetivos do planejamento estratégico. Um trabalho com esse escopo permite criar uma interação franca e promissora com imprensa, empregados, comunidade, ONGs, clientes, governo, fornecedores, enfim, os setores que estão no radar da empresa. Tomar a iniciativa de procurar a imprensa só em situações delicadas e não atender bem os jornalistas em épocas de calmaria é uma prática deplorável. Mesmo que a empresa tenha adotado uma postura reativa na sua comunicação externa, dar retorno aos pedidos de informações ou entrevistas são atitudes inegociáveis para a construção de um relacionamento respeitoso.

Ter uma comunicação apenas esporádica com os empregados ou com a comunidade pode trazer consequências nefastas. Atitudes assim correm o risco de serem entendidas como oportunistas porque não têm o respaldo de um projeto bem pensado e que visa solidificar uma troca de informações transparente fortalecendo a relação da empresa e seus interlocutores.

Mesmo que, por algum motivo e em determinado momento, a corporação não possa atender a uma demanda da imprensa ou esteja impedida de divulgar determinadas informações, o atendimento profissional e respeitoso é condição inegociável. O mesmo vale para os outros públicos como empregados, clientes, forne-cedores. O ideal é sempre manter um fluxo de informações que seja sincero e tenha duas vias porque o exercício de ouvir ajuda muito a acertar. Com as redes sociais, as manifestações são feitas de forma espontânea, e você e a empresa precisam estar aptos a considerá-las e a interagir com elas.

NÃO TENHA MEDO DE MERGULHAR

Quando a decisão é realmente a de estruturar uma área de comunicação por meio de um plano consistente e que acompanhe a trajetória empresarial, a primeira atitude a tomar é ir fundo para entender a cultura da empresa, de seus controladores e fundadores.

Busque informar-se a respeito do nível de conhecimento que eles têm sobre a comunicação ou se já passaram por alguma expe-riência anterior. Caso eles não tenham familiaridade alguma com o tema, a primeira atitude a tomar é explicar a eles os objetivos gerais de um trabalho em comunicação e seus principais conceitos e propor um treinamento.

Pense em um modelo que seja adequado ao perfil de seu cliente ou interlocutor. Explique a ele como pode estruturar um projeto de comunicação corporativa para o seu negócio e por que é tão importante a interação e a troca com seus públicos-alvo. Se ele é um "iniciante" no mundo da comunicação, exponha os conceitos básicos sobre a imprensa, seu funcionamento, o que é uma pauta, como os jornalistas trabalham na redação e quando uma informação é relevante para a sua atividade – porque nem sempre o que pode parecer uma grande notícia para o executivo atrairá o repórter que trabalha atento ao interesse do leitor de seu jornal.

Amplie para as redes sociais e como elas podem interferir no negócio dele e na relação com os parceiros de sua empresa, seus clientes e empregados. O ideal é descrever rapidamente cada uma delas e o seu impacto na sociedade. Por fim, proponha um treinamento prático em que ele é "entrevistado" por um repórter de mídia impressa e "surpreendido" por uma equipe de TV. Coloque a ele uma situação fictícia em que um parceiro fez uma denúncia relacionada a uma de suas marcas em uma rede social e o questione sobre como lidar com o problema. Enfim, há muitos modelos de treinamento, e a criatividade na sua formulação é muito bem-vinda porque torna o trabalho mais dinâmico. No final da sessão, é essencial fazer uma análise do desempenho do treinando, indicar as suas fragilidades e em que precisa aprimorar-se. Se possível, produza e entregue a ele um manual com algumas recomendações práticas para ajudá-lo no seu dia a dia.

Mesmo que seu cliente tenha experiência no relacionamento com a imprensa, ainda assim, em situações delicadas e com potencial de muita repercussão, é importante fazer um treinamento pontual e focado no assunto a ser tratado. Podem ser situações em que ocorre mudança no controle, gestão, reposicionamento da empresa no mercado, compras, associações, fusões, venda ou imprevistos, como acidentes com impacto no meio ambiente, funcionários ou comunidade são alguns exemplos. É importante informá-lo que lidar de maneira profissional com a imprensa tornou-se insuficiente. Ele precisa ter claro que é imprescindível se relacionar bem com seus empregados, líderes comunitários e de terceiro setor. Mesmo que ele se sinta confortável com as redes sociais e que elas já façam parte do seu dia a dia, é importante ser alertado de que as manifestações da blogosfera poderão influenciar o seu negócio e a imagem de sua empresa.

Agindo de maneira franca com o seu interlocutor, você diminui muito o risco de um descasamento de expectativas. Lembre-se, também, que você é a pessoa que mais entende as especificidades da comunicação e, portanto, esteja pronto para responder com naturalidade qualquer tipo de pergunta.

Afinal, quem está contratando o seu serviço de consultoria não tem obrigação de saber como funciona o fechamento de um jornal diário ou que uma observação negativa no Twitter feita por um de seus funcionários pode ser impactante para sua marca. A relação de respeito e confiança é condição indispensável para trabalhar a comunicação. Sem esse sentimento mútuo, o desgaste é iminente e a frustração é um atraso de vida, já que pode significar um reinício que leva tempo. Humildade e franqueza podem ajudar no desenvolvimento desse processo.

CORRA O RISCO DA DESCOBERTA

Realize um diagnóstico sobre como a empresa, suas marcas e executivos aparecem na mídia impressa, eletrônica, nas redes sociais e comunidades.

Sempre que possível, compare esse resultado com o dos concorrentes nacionais e, se for o caso, internacionais, tendo em vista que a internet eliminou fronteiras e o que é dito lá fora pode ter um impacto direto por aqui e vice-versa. Nessa busca, pode-se descobrir preciosidades.

Seu cliente pode acreditar que está muito "bem na foto" porque apareceu em duas ou três reportagens impressas, mas "cairá na real" se você mostrar a ele que seu concorrente apareceu uma vez mais em um espaço mais nobre e de maior repercussão. Ou, então, talvez nunca tenha passado pela cabeça dele que alguns de seus fornecedores usam as redes sociais para se queixar das condições de seu contrato, para falar mal do tratamento que recebem ou da fragilidade de suas marcas.

Esses exemplos já dizem que há, pelo menos, duas ações a serem trabalhadas. Uma reaproximação com os fornecedores visando aparar as arestas que se tornaram assunto nas redes sociais e um reposicionamento das ações voltadas à imprensa visando qualificar as aparições da empresa. Claro que, para isso, é necessário ter notícias e assuntos que justifiquem uma ação proativa e uma melhoria na qualidade de sua exposição na mídia impressa. Caso contrário, é melhor esperar uma ocasião mais propícia para não correr o risco do desgaste no relacionamento com os jornalistas que forem procurados. Eles não têm tempo para ouvir pautas sem apelo e que não despertam o interesse do seu leitor.

As pesquisas de opinião ajudam muito no seu diagnóstico, mas nem sempre há disponibilidade orçamentária para contratá-las. Grande parte das empresas de porte médio ou grande (nas pequenas isso é mais raro) investe sistematicamente para avaliar a percepção de suas marcas, produtos e serviços. Ter pesquisas à disposição na hora de montar o Plano de Comunicação Corporativa ajuda a acertar.

As manifestações de consumidores e clientes que chegam diretamente à empresa por meio do SAC (Serviço de Atendimento ao Consumidor), sites de defesa do consumidor e colunas dos jornais impressos podem dar uma boa ideia sobre a opinião que eles têm, suas principais queixas e recomendações, onde estão as suas fragilidades. Faça uma análise dos dados capturados e sugira ações que possam melhorar a interação entre a empresa e esses serviços. Uma busca nas redes sociais não pode ser esquecida ou relegada a segundo plano. Consultar formadores de opinião e líderes de mercado também contribui para formar o diagnóstico.

As companhias de capital aberto são submetidas às exigências da Comissão de Valores Mobiliários (CVM) e Securities Exchange Comission (SEC) dos Estados Unidos. Os dois órgãos estabelecem regras que disciplinam o fluxo de informações da empresa para o público e cerceiam atitudes irresponsáveis e criminosas, visando preservar os direitos dos acionistas e investidores. Caso alguém as pratique, a legislação prevê penalidades, como multas em dinheiro ou a proibição para atuar no mercado de capitais.

Por último, é necessário um mergulho na corporação e nos seus setores mais relevantes, conversar com os executivos e líderes para sentir suas angústias e expectativas em relação ao trabalho da comunicação e como as ações podem ajudá-los na sua rotina. Perguntar e ouvir muito mais. Visitar os projetos sociais e ambientais que recebem investimentos da empresa. Colocar-se na posição de quem está chegando para entender o cliente e suas aspirações. Em comunicação corporativa, você estará ao lado da empresa e de seus executivos, com o objetivo de ajudá-los a cumprir as suas metas comerciais, de imagem ou sustentabilidade.

PRIMEIROS PASSOS PARA UM DIAGNÓSTICO DE COMUNICAÇÃO

1. Informe-se sobre o planejamento estratégico de sua empresa e descubra quais são as suas metas para o curto, médio e longo prazos. Essas informações o ajudarão a ter foco no que realmente importa para o negócio. Faça o mesmo com a missão, visão e valores.

2. Se o seu cliente ou interlocutor nunca teve experiências anteriores com comunicação, comece por explicar a ele o que significa o seu trabalho, qual a atribuição, o que você precisará dele. Amplie para uma apresentação muito simples sobre como funcionam a imprensa e as redes sociais e porque é importante criar um fluxo de informação com seus públicos-alvo. Explique a repercussão que publicações na imprensa e no mundo da web podem ter na imagem e no desempenho do negócio dele.

3. Descubra como a empresa, suas marcas e seus executivos querem ser percebidos pelos seus públicos.

4. Realize um diagnóstico sobre a exposição que eles têm na mídia impressa, eletrônica e redes sociais. Faça uma identificação preliminar de seus defensores e detratores.

5. Compare o resultado dessa busca com um levantamento que deve ser feito sobre os concorrentes nacionais e internacionais.

6. Se a empresa investe em pesquisas de opinião para sua área de marketing ou então de clima interno – funcionários –, peça para vê-las. Elas podem trazer dicas muito importantes para o seu trabalho.

7. Pesquise as manifestações dos clientes e consumidores ao Serviço de Atendimento ao Consumidor (sac), sites de defesa do consumidor e colunas dos jornais impressos.

8. Faça uma busca nas redes sociais para ver o que se fala sobre a empresa, marca e executivos. Avalie também a aparição da concorrência.

9. Consulte informalmente formadores de opinião como jornalistas, articulistas, blogueiros, lideranças setoriais ou do mercado.

10. Mergulhe fundo na empresa. Converse longamente com seus fundadores, controladores, executivos. Ouça o que eles têm a dizer e o que esperam do trabalho da comunicação.

11. Tente ajustar a sua percepção depois de todo esse trabalho com a realidade da empresa e as suas metas.

12. Faça uma apresentação clara e objetiva de seu plano às lideranças da empresa envolvidas com o assunto. Faça os acertos sugeridos antes de colocá-lo em prática.

Colocando em prática o plano de comunicação

O PONTO DE PARTIDA

O plano de comunicação é a linha mestra de seu relacionamento com o cliente e precisa ser aprovado por ele para que exerça esse papel. É um documento estratégico porque contém os objetivos do trabalho, as ações e as metas que foram acertadas entre as partes. Ele é feito no começo de cada ano, semestre ou então no início do contrato. Em todas as fases de sua elaboração, é importante ter em mente como a empresa quer ser percebida pelos seus públicos em temas considerados prioritários pelos seus controladores ou executivos. Essas respostas o ajudarão a dosar o investimento em tempo, equipe e dinheiro, o que será feito por meio das mensagens trabalhadas e das ferramentas e ações adequadas a cada público.

Se a empresa para a qual você está trabalhando quer ser reconhecida como competitiva em resultados financeiros ou por recompensar os executivos que cumprem suas metas, esse é um tema que deve contextualizar as divulgações que forem feitas, os comunicados, *briefings* para entrevistas e a estratégia de relacionamento com os públicos de interesse. O modelo de gestão ganha destaque nas mensagens porque identifica a empresa. Se ela segue os princípios da meritocracia – sistema que promove funcionários com base no desempenho pessoal independente de hierarquia, idade ou tempo de casa –, é muito importante que os investidores saibam, além dos jovens que se preparam para entrar no mercado de trabalho. Profissionais que estão em busca de um lugar para trabalhar, onde seu esforço possa ser recompensado individualmente e não de forma genérica, por meio das políticas internas que estabelecem promoções por tempo de serviço ou avanços obtidos em negociações entre representantes da empresa e sindicatos.

Em outra situação, seu cliente pode querer mostrar para a sociedade que adota práticas sustentáveis em relação ao meio ambiente e à comunidade então é importante deixar claro como faz isso e o que defende. E precisa mostrar consistência. É importante que o plano identifique os projetos e valores que a empresa apoia, como faz isso e seus resultados para que o trabalho tenha consistência e a ajude a alcançar as suas metas.

Para os dois exemplos, um jeito prático de reforçar as mensagens sobre os diferenciais na sua cultura e impedir que eles se percam é incluí-los de forma resumida em todos os materiais de apoio ao relacionamento com os *stakeholders*. O Q&A (*Questions&Answers*) é uma ferramenta que ajuda muito o trabalho de comunicação e treinamento dos porta-vozes encarregados do contato com os públicos-alvo. O Q&A é um documento que contém todas as perguntas que podem ser feitas e as respostas sugeridas, já com todas as informações básicas sobre a empresa – produção, vendas, número de empregados, além das mensagens e valores que norteiam o negócio. Ele ajuda a casar os posicionamentos públicos dos executivos aos objetivos da corporação e favorece o alinhamento do discurso para que todos falem a mesma língua e reforcem os atributos que permeiam a cultura da empresa. A ferramenta pode ser chamada também de Perguntas e Respostas, mas o usual no mercado é Q&A.

A ETAPA SEGUINTE

Cada uma das atividades previstas no plano de comunicação é desdobrada em um plano de ação específico e detalhado, tornando-se uma ferramenta indispensável para gerir o trabalho. Além da ação, precisa conter o prazo, o responsável e o *status* (a fase em que está a sua execução).

Por exemplo: suponha um plano para estreitar o relacionamento entre o diretor financeiro da empresa e as entidades representativas do mercado de capitais, como o Instituto Brasileiro de Governança Corporativa (IBGC) ou a Associação dos Analistas e Profissionais de Investimento do Mercado de Capitais (Apimec).

A primeira atitude a tomar é identificar as entidades e fazer um breve perfil de cada uma delas, seus diretores e associados. Depois, é importante montar um cronograma, estabelecer quando cada encontro será feito e quem será a pessoa de sua equipe responsável por "fazer acontecer". Antes disso tudo, você já deve ter alinhado com o seu cliente quais serão os objetivos dos encontros. É recomendável que, para cada um deles, seja produzido um material de apoio contendo o perfil do interlocutor, seus posicionamentos públicos e seu histórico profissional.

Se a intenção do seu plano é fortalecer o relacionamento com a imprensa e apresentar a sua empresa a formadores de opinião selecionados, o procedimento básico é o mesmo. No caso de jornalistas, é essencial incluir um resumo da linha editorial do veículo a qual ele pertence. O material de apoio deve conter também os dados mais relevantes de sua empresa, para que estejam à mão sempre que necessário. Importante apurar também como a empresa, seus executivos e marcas têm aparecido em matérias jornalísticas, em blogs e redes sociais. Se necessário, faça uma reunião pontual com seu cliente e repasse os pontos mais importantes que você identificou ao elaborar o material de apoio.

Uma ferramenta simples e prática para auxiliar os executivos nessa tarefa de construção e reforço da identidade da empresa é colocar as principais mensagens e os indicadores em um folheto, semelhante em tamanho ao cartão de crédito, mas que possa ser dobrado, que eles possam levar consigo sem problemas. Se a empresa divulgar balanços a cada três meses, é importante sempre atualizar os números em cada uma das ocasiões, para que haja o máximo de uniformidade nas informações publicadas.

PASSO A PASSO

A visualização do estágio em que está cada uma das atividades do plano de ação ajuda muito a desenvolver o projeto. Pode-se fazer isso por meio de cores. Amarelo, se a atividade tem risco de atrasar, verde se está no prazo e vermelho se o tempo previsto já tiver sido superado. Esse mesmo padrão de cores é usado para acompanhar a evolução no cumprimento das metas que foram estabelecidas no seu plano e que pode ser, por exemplo, promover um determinado número de encontros no semestre.

Esse mecanismo para acompanhar o andamento do trabalho é um sistema muito utilizado pelas diretorias ou gerências de comunicação para fazer a gestão das ações previstas. O acompanhamento é feito em planilhas de Excel. Caso não saiba nada sobre esse programa, busque algumas noções básicas com profissionais que já têm o costume de lidar com ele, como gestores da área financeira ou informática. O Excel tornou-se um apoio importante para a visualização dos processos e seu desenvolvimento.

Como essa é a linguagem que os executivos de boa parte das empresas entendem, não adianta chegar até eles com um texto corrido cheio de boas intenções e explicações ou com uma apresentação em Power Point (*ppt*) extremamente criativa mas pouco objetiva. Dificilmente eles terão paciência para ler o documento ou assistir ao seu *ppt*, e você não conseguirá mostrar o desempenho do seu trabalho e nem rediscutir ações que, por um motivo ou outro, mostraram-se inviáveis em determinado momento ou que foram atropeladas pela realidade e perderam importância. Se não houver essa comunicação clara e na hora certa, o risco do projeto ficar emperrado e de seu resultado não atender às expectativas de seu cliente ou seu empregador é grande.

Com reuniões periódicas – semanais ou quinzenais –, em que o sistema de acompanhamento das ações é mostrado abertamente ao seu cliente ou interlocutor na empresa, esses entraves são mais difíceis de acontecer. Nessas ocasiões, é automático encontrar uma solução ou alternativa de comum acordo. É importante ter em mente que estabelecer a periodicidade de reuniões presenciais não elimina a necessidade de entrar em contato com a sua interface sempre que algo vai mal ou quando surge alguma ideia que pode agilizar a execução do plano. Esse canal tem que permanecer aberto e os interlocutores nas empresas costumam ser muito sensíveis a essa necessidade, além de se sentirem mais seguros no relacionamento, especialmente quando o parceiro é de uma agência terceirizada.

Em empresas de grande porte, além da troca necessária por meio do telefone ou de e-mails e da reunião presencial, é recomendável enviar um relatório objetivo sobre o andamento do trabalho, o *status* das ações desenvolvidas com os *stakeholders*, sejam eles a imprensa ou não. Em relação aos jornalistas, é importante monitorar os atendimentos reativos (aqueles que chegam espontaneamente à equipe) e as atividades proativas (estimuladas pela equipe como, por exemplo, divulgações), identificando aqueles que foram resolvidos e as demandas pendentes, além das pautas solicitadas e aquelas que estão sendo oferecidas (no mercado, usa-se muito a palavra "vender") a determinado repórter, assim como a agenda das atividades que a agência prevê desenvolver para o seu cliente no curto prazo. Mas tome cuidado. Essa "prestação de contas" visa agilizar o trabalho e não torná-lo mais burocrático. Nada de muito texto e explicações excessivas. Tem que ter muita objetividade para que realmente cumpra a sua função de ajudar no andamento do trabalho e facilitar a tomada de decisões ou reversão da estratégia para determinadas ações.

A RETAGUARDA

A prática de ter uma relação de formadores de opinião e de outros *stakeholders* essenciais para a execução do trabalho – *mailing list* – deveria ser rotineira nas equipes de comunicação. É comum os profissionais – quando demandados – se limitarem a montar essas listas a partir de sistemas que já existem no mercado, que são muito eficientes, mas que muitas vezes ficam aquém das necessidades específicas da empresa para a qual trabalham. São programas que funcionam muito bem se a intenção for a de pulverizar um *press release*, sem a preocupação de um contato mais direto e exclusivo com o jornalista, ou, então, a de criar uma relação de pessoas pensando apenas em imprensa. Esses sistemas permitem a seleção por tipo de veículo – rádio, tevê ou jornal –, editorias, chefes e diretores de redação, tiragem e localização geográfica.

Mas no dia a dia da comunicação corporativa, é preciso ir além e complementar essas ferramentas com *mailings* formados por pessoas de interesse específico da empresa. Podem ser cientistas, personalidades do terceiro setor, empresários, economistas, políticos, consultores, líderes sindicais e comunitários, até arquitetos, músicos ou chefes de cozinha que opinam por meio da imprensa, blogs, comunidades e redes sociais em artigos, entrevistas, posts e tweets. Com esses nomes à mão, você pode propor ações de relacionamento ou comunicação dirigida sempre que houver o lançamento de um novo produto ou quando há a intenção de informar sobre um posicionamento da empresa em relação ao seu mercado.

Por exemplo: se o seu cliente for uma indústria de alimentos prestes a lançar um produto, pode fazer parte de sua estratégia informar os chefes de cozinha e nutricionistas e colocar-se à disposição para responder às dúvidas que eles tiverem sobre a novidade, tanto por meio do telefone como da internet.

Caso essa mesma empresa tenha se reposicionado e decidido comprar apenas matérias-primas orgânicas para industrializar, além dos profissionais já citados, é importante falar diretamente com representantes do terceiro setor que concentram sua atenção em meio ambiente, além de associações de produtores e consumidores que comungam os mesmos princípios.

Mas há uma ressalva a fazer: estratégias de comunicação direta não eliminam as ações voltadas à imprensa, blogueiros e redes sociais. Cada caso tem as suas particularidades, e elas não podem ser esquecidas. Há algumas ações, nas quais o objetivo é mais focado em determinados formadores de opinião, em que a comunicação direta basta. Em outras, pode ser melhor optar pela imprensa. Mas há casos em que ferramentas de comunicação e relacionamento têm que andar juntas. Em todas as ocasiões é essencial manter em vista os objetivos do cliente e o alinhamento com as campanhas executadas pelas áreas de marketing e de publicidade. As mensagens têm que ser as mesmas.

Ter um *mailing list* atualizado e feito na direção dos interesses da empresa ajuda a programar ações que fortalecem seus laços com pessoas fundamentais para o seu negócio. Pode ser, por exemplo, o caso de um CEO que deseja desenvolver um contato mais próximo com os clientes mais importantes e de maior relevância para a empresa que lidera. Além de ter a lista pronta e atualizada com todos os principais dados de cada um de seus integrantes, é importante prestar atenção a tudo o que sai na imprensa ou blogs que tenha a ver com eles. Quando algo vier a público, o CEO deve ser informado para que decida se é o caso de entrar em contato. Junto com os dados que são básicos, a equipe de comunicação pode fazer a sua sugestão de ação. É algo que vale tanto para situações positivas – como algum projeto de expansão, lançamento de produto, premiação do executivo – como negativas – situações em que ocorre um acidente fabril ou ambiental. Às vezes, ações simples como essa fazem grande diferença na construção do ambiente de negócios.

RECOMENDAÇÕES PARA COLOCAR EM PRÁTICA O PLANO DE COMUNICAÇÃO

1. Um plano de comunicação costuma ser composto por várias ações que devem ser desdobradas. Eleja um "dono" para acompanhar e cobrar o seu andamento.
2. Para cada uma das ações de seu projeto, estabeleça um plano de ação com definição (o quê?), objetivo (por quê?), prazos e responsável.
3. Prepare um material de apoio completo tanto para reforçar as mensagens gerais e institucionais da empresa como para conduzir cada uma das ações previstas dos planos de ação.
4. Deixe previamente aprovados todos os materiais de apoio – textos, *briefings*, Q&A (perguntas e respostas). Não se esqueça de atualizá-los sempre que for necessário.
5. Faça uma agenda de relacionamento dos executivos com a imprensa ou entidades e associações com as quais a empresa deseja estreitar contatos. Cada executivo tem que ter o seu próprio cronograma.

6. Busque informações sobre cada uma das pessoas que serão convidadas a ter um encontro com o representante da empresa. Se for jornalista, trace um perfil, onde trabalha, que matérias costuma produzir e o porquê dele ter sido escolhido para integrar a agenda de relacionamento. Se for o dirigente de uma entidade ou associação, faça o mesmo. Prepare um Q&A específico para cada encontro e com base no assunto que será tratado.

7. Produza um *mailing list* completo e dirigido para cada uma das ações e executivos. Não se limite aos sistemas existentes hoje no mercado, faça a sua própria lista. Identifique cientistas sociais, políticos, empresários, lideranças sindicais, comunitárias, personalidades do terceiro setor, formadores de opinião.

8. Estabeleça uma metodologia para o acompanhamento do trabalho. Faça isso com a equipe encarregada de executá-lo e crie um fluxo de informações com o seu cliente, seja ele interno ou externo. Marque reuniões presenciais.

9. Se fizer uma apresentação, não use textos longos e nem ocupe seu tempo com informações pouco objetivas. Fale a linguagem do executivo. Use um *layout* que ele entenda e tenha uma visão clara sobre as etapas de execução do projeto.

10. Se houver qualquer contratempo que impeça a execução do trabalho, fale imediatamente com o "dono" do projeto para que as decisões necessárias para resolver o problema sejam tomadas.

11. Fique atento ao resultado do trabalho, ao impacto que terá na imprensa, aos comentários na internet. Se necessário, entre em contato para reforçar pontos que estão confusos, corrigir informações erradas ou fornecer informações adicionais.

12. Na conclusão do trabalho, elabore uma apresentação com os resultados. Compare-os com as metas estabelecidas no início do plano. Destaque os pontos fortes e os aprendizados úteis para a continuidade de seu trabalho.

Estruturas da comunicação

COMO AS EMPRESAS SE ORGANIZAM INTERNAMENTE

A comunicação corporativa tem um papel fundamental no cumprimento das metas financeiras e de imagem de uma empresa. Essa é uma tendência cada vez mais forte no mercado e em companhias em que a atividade já é muito bem estruturada e integrada aos planos estratégicos para o futuro, tanto em relação a crescimento e expansão como também em sustentabilidade e perenidade.

É uma visão que, na prática, coloca a comunicação corporativa em uma posição de ter voz ativa nas decisões mais importantes para a companhia. Antigamente, prevalecia a ideia de um setor ou departamento que representava custos, que gastava mas não tinha o potencial de apoiar o desempenho dos negócios. Há, no mercado, empresas que ainda têm essa percepção e não hesitam em começar qualquer política de corte de custos pela sua área de comunicação. Mas é algo que está mudando rapidamente.

Cada empresa tem o seu desenho e forma de organizar suas atividades de relacionamento com os públicos-alvo. Em algumas, o próprio presidente assume essa responsabilidade e divide a atribuição com a diretoria. Em outras, a área é parte integrante da diretoria de relações institucionais ou então da diretoria de relações corporativas. O nome varia conforme a companhia, mas, em geral, esse é o setor que cuida dos fluxos de informação e relacionamento com os *stakeholders* considerados vitais para o negócio.

Acima dessa diretoria está o presidente da companhia, que participa ativamente de todas as grandes decisões da área. Abaixo, estão os diretores ou gerentes específicos para cada setor de atuação como, por exemplo, comunicação externa, comunicação interna, responsabilidade social corporativa. Para ajudar e apoiar a execução de seus planos, esses executivos contratam parceiros externos como agências de comunicação ou consultores independentes. É dessa forma que empresas como Ambev e Telefônica estruturaram a sua área de comunicação.

Há modelos diferentes. Na Petrobras, quem coordena todas as atividades é a gerência corporativa de comunicação institucional. Ligada diretamente ao presidente da empresa, integra todas as ações de assessoria de imprensa, relações públicas, publicidade institucional e algo de marketing com foco na imagem da companhia. Cada uma delas – chamadas de macroprocessos – se divide em gerência de imprensa, gerência de publicidade e propaganda e gerência de relacionamento. Esta última interage com todos os *stakeholders* da empresa com exceção dos jornalistas, além de ser responsável pelos serviços de web, intranet, webcasts, vídeos e filmes. Tudo o que é relacionado ao marketing de produtos – mercadológico – fica na área comercial e de abastecimento. A estrutura atual é resultado de inúmeras transformações desde que a empresa foi criada, em 1953.

Em empresas de menor porte, a área pode estar dentro da diretoria de marketing ou diretamente ligada ao presidente. À medida que crescem, elas tendem a sentir necessidade de agregar outros serviços com o objetivo de melhorar a interação com os seus *stakeholders* externos ou então para criar um fluxo de informações mais eficiente também com os seus empregados. Um próximo passo nessa evolução quase sempre é a contratação de um executivo para a gestão de todos os processos que envolvem a comunicação, seja ele um profissional com formação em jornalismo, relações públicas, administração ou em outra área de conhecimento.

A opção de contar ou não com consultorias especializadas ou agências para ajudar a implementar as ações de comunicação corporativa é uma decisão que faz parte da estratégia da empresa e de como ela entende ser o modelo ideal para que tudo funcione a contento. Há situações em que o diretor ou gerente decide repassar todas as atividades à equipe de um parceiro terceirizado que assume o compromisso de entregar o resultado e de fazer acontecer. Na Hypermarcas, empresa que atua nos segmentos de higiene, limpeza, alimentos e saúde, a área se reporta à diretoria de planejamento estratégico. Toda a execução é terceirizada. "Comunicação não é o meu *core business* e meu parceiro tem o conhecimento e *network* que precisamos", diz a diretora de planejamento estratégico Gabriela Garcia.

Em outras empresas, há uma divisão, com parte da equipe contratada e o restante pertencente a uma consultoria. E há aquelas empresas em que 100% de sua comunicação corporativa é feita em casa. Eventualmente, em situações especiais, contratam uma prestadora de serviços.

É comum companhias fazerem mudanças na forma de organizar a comunicação. Isso costuma acontecer quando há reestruturações internas, fusões e a chegada de controladores ou diretores com uma cultura diferente. Ou então porque fazem uma reavaliação e decidem que pode ser mais interessante mudar o jeito de trabalhar. O fator custo é importante nessa decisão, mas empresas que enxergam a comunicação como vital para o seu desempenho levam em conta outros fatores como a contribuição que a área tem no desenvolvimento dos negócios e na formação de sua identidade frente aos seus públicos de interesse.

PROFISSIONAL DIFERENCIADO

A visão da comunicação corporativa como estratégica para o desempenho das companhias passou a exigir um novo perfil de profissional. O mercado tornou-se mais exigente com a sua formação cultural, em habilidades que são fundamentais em relacionamentos, além de conhecimentos de gestão e planejamento. O professor Belmiro Ribeiro da Silva Neto, coordenador dos cursos de comunicação corporativa e de comunicação de crises do GVPEC da Fundação Getulio Vargas (FGV), cita a formação dupla em administração e comunicação como ideal para atuar na área.

Essa, no entanto, não é a realidade. A grande maioria das pessoas que trabalha nessa área dentro das empresas e das agências é oriunda dos cursos de comunicação. E como a maior parte das escolas ainda não despertou para a necessidade de ensinar comunicação corporativa nos cursos de graduação, resta aos recém-formados buscar os conhecimentos que são indispensáveis a sua função em programas de treinamento no próprio local de trabalho, em programas de pós ou extensão. "As faculdades de comunicação são, tradicionalmente, formadoras de jornalistas", constata Renato Delmanto, gerente de comunicação da Votorantim e professor da Faculdade de Comunicação Cásper Líbero. Apesar dos *gaps* que ainda existem na formação universitária, a carreira em comunicação corporativa é muito promissora. Os postos de trabalho crescem e se qualificam à medida que a economia também evolui, mas só tem espaço quem está disposto a enfrentar os desafios que o mercado impõe e a absorver novos conhecimentos. "O comunicador deve ser cada dia mais culto, capaz de estabelecer inúmeras interfaces, enfrentar e resolver questões mais complexas, ter uma postura crítica, porém justa, e um apurado senso de realidade e equilíbrio", escreve o presidente da Aberje e professor da Escola de Comunicações e Artes da USP, Paulo Nassar, em *Comunicação todo dia*.

Na prática, isso significa que o mercado não se contenta com uma boa formação adquirida nas universidades. Saber lidar com situações adversas e imprevisíveis, ter flexibilidade, relacionar as informações e priorizá-las conforme a sua importância para o trabalho, além do desejo de aprender, são essenciais para o desenvolvimento da carreira profissional.

TRABALHO EM EQUIPE

Ter um mínimo de conhecimento sobre a gestão de equipes ou pessoas faz uma enorme diferença. Não é novidade alguma que o segredo de um bom resultado, em sua maior parte, está na equipe de pessoas que tocam o projeto. Se está nos seus planos gerir uma equipe de comunicação, então vá se preparando para adquirir alguns conhecimentos que tornam-se imprescindíveis para um bom trabalho. Além da comunicação corporativa, que se aplica às empresas, o profissional do mercado pode desenvolver a sua carreira trabalhando também em outros setores da economia, como o público, as ONGs, as fundações, as entidades sindicais.

É importante participar dos processos de seleção de escolha de profissionais para a sua área. Independentemente das normas existentes na empresa em relação às exigências de seleção de candidatos, uma boa entrevista pode dizer muito e tornar-se definitiva no acerto da contratação de um funcionário para a sua equipe. Por meio desse contato, você poderá avaliar algumas qualidades muito específicas ao trabalho em comunicação.

O primeiro passo é identificar as qualificações que você considera importantes para sua equipe. Liste desde as exigências mais básicas, como fluência em uma segunda língua – inglês, preferencialmente –, texto final e aptidão para lidar com redes sociais, até a sua formação cultural. Não se restrinja somente ao curso universitário, mas vá além e cheque se a pessoa tem interesse na informação – se acompanha jornais ou sites de notícias –, se gosta de ler, se costuma ir ao cinema, se tem planos de continuar o seu aprendizado.

Caso você queira aprofundar o seu processo particular de avaliação, uma boa alternativa é propor ao candidato um desafio para que ele consiga elaborar uma estratégia de comunicação. Você pode pedir para ele desenvolver um plano para o treinamento sobre segurança em uma rede de varejo em que é importante fazer um trabalho de conscientização para os funcionários próprios e os empregados da empresa terceirizada encarregada de prestar o serviço.

Ou então pensar em uma situação fictícia em que o vazamento de efluentes de uma fábrica provoca a contaminação do reservatório de água de uma cidade. Se preferir, peça simplesmente para que elabore um plano de ação para a divulgação de uma nova linha de cores de uma determinada marca de esmaltes. Deixe claro que ele tem toda a liberdade para escolher as ferramentas, as mensagens e os públicos-alvo de sua estratégia. Peça-lhe também um texto para servir de base ao posicionamento da empresa. Testes desse tipo o ajudarão muito a perceber o grau de conhecimento, percepção e criatividade do candidato. Claro que se trata de algo informal, mas pode ser um apoio muito importante à metodologia da área de recursos humanos.

CRESCIMENTO MÚTUO

Pratique o *feedback*. É prioridade. Nunca deixe de fazer isso. Não precisa marcar data e nem horário. O importante é que aconteça sempre que houver uma oportunidade de apontar como um trabalho poderia ser melhorado, os seus pontos positivos e negativos. Entre num acordo com seu funcionário e coloque metas e prazos para que ele consiga superar dificuldades e melhorar o seu desempenho. Nem todos estão abertos a esse tipo de diálogo e você precisa estar preparado para receber críticas ou ser surpreendido por reações que não estavam no seu radar. Em todos os momentos do *feedback*, é importante ter uma atitude receptiva e que encoraje a pessoa que está sendo avaliada a dar a sua opinião. Situações em que existe a troca enriquecem e fortalecem muito a relação de trabalho. Ganham os dois lados sempre. Mesmo que a empresa onde você trabalha tenha o hábito de realizar avaliações de desempenho com todos os seus funcionários uma ou duas vezes ao ano, não dispense o ritual do *feedback* na gestão de sua equipe.

CONSULTOR ESTRATÉGICO

Cada vez mais, o profissional de comunicação precisa se posicionar como um consultor que contribui para a tomada de decisões por meio de sua bagagem de informações, conhecimento de mercado e das especificidades de sua área. São situações que exigem segurança, maturidade, coragem para emitir opiniões sempre muito bem fundamentadas e disposição para ouvir questionamentos e dúvidas em relação a esse papel. Os executivos de uma empresa até podem ter consciência sobre a importância da comunicação para um negócio, mas raramente conhecem o seu funcionamento. A equipe de comunicação precisa estar preparada para explicar a eles o possível impacto que uma determinada decisão pode ter na opinião pública e como lidar com isso e ter capacidade de antecipar soluções que podem ajudá-lo na condução do negócio.

Nem sempre a sua opinião é bem-vinda e é importante estar preparado para receber um não ou um pedido "discreto" para que não "interfira" em assuntos que não seriam de sua alçada. Atitudes como essa, no entanto, são cada vez mais raras. O que se vê, na prática diária da comunicação corporativa, é exatamente o contrário. Os clientes querem a sua opinião, que você se posicione, que diga a ele qual o melhor caminho a seguir. "Eu quero alguém que seja meu parceiro, que não me deixe fazer burrada", diz o consultor do Grupo Itaúsa, Antonio Jacinto Matias.

Tornar-se um consultor em comunicação leva tempo. É essencial conhecer muito bem os processos de gestão da comunicação corporativa e ter fácil adaptabilidade às mudanças. Não é algo que se faça de imediato e sem o aprendizado contínuo. Sentir-se o dono da verdade pode ser uma péssima ideia. É um comportamento que tende a colocar em risco a sua credibilidade e da sua equipe. Como diz Ricardo Noblat, parodiando Sócrates, em *A arte de fazer um jornal diário*, "o mais inteligente é achar que tudo que sabem é que nada sabem".

RECOMENDAÇÕES A QUEM PLANEJA UMA CARREIRA EM COMUNICAÇÃO CORPORATIVA

1. Esteja sempre disposto a aprender. O dia a dia em uma empresa é muito movimentado e cada situação traz uma vivência nova. Atualize-se por meio de cursos, palestras e troque experiências com outros profissionais da área.
2. Busque informações sobre as expectativas que o seu empregador tem de seu trabalho. Perspectivas de crescimento e desenvolvimento profissional e metas que você terá que cumprir.
3. Entenda a empresa para a qual você trabalha, seu setor de atuação, interesses, concorrentes, quem são os seus fundadores, a sua cultura e o modelo de gestão. Informe-se sobre as metas da sua área.
4. Fique atento aos processos e rotinas que você precisa praticar no seu trabalho.

5. Acompanhe o cenário econômico e político nacional e internacional para formular estratégias e contextualizar as suas ações de comunicação.

6. Saber trabalhar em equipe é essencial. A comunicação é uma atividade multidisciplinar e você precisará interagir com profissionais de várias áreas e funções. Não tenha preconceitos.

7. Busque as informações relevantes para fazer um bom trabalho. Tenha curiosidade e pergunte. Lembre-se de que a informação correta é fundamental para que seu trabalho adquira credibilidade.

8. Não basta ser um especialista e entender tudo de web para crescer no mercado. A escolha correta das ferramentas exige que você saiba relacionar as informações e contextualizá-las. Soltas, elas não têm sentido.

9. Humildade é fundamental sempre em qualquer cargo que você ocupar. Compartilhe as suas dúvidas e angústias. Tomar decisões sozinho é sempre mais arriscado.

10. Seu trabalho interfere nas escolhas e opinião das pessoas. Contribui para a construção da memória empresarial. Pratique a verdade.

O universo web

O MUNDO NÃO PARA

Não contem com o fim do livro é o resultado de um bem-humorado bate-papo entre o escritor e semiólogo italiano Umberto Eco e o roteirista e dramaturgo Jean-Claude Carrière. Mediados pelo jornalista francês Jean-Phillipe de Tonnac, eles se debruçam sobre a história da transmissão do conhecimento e informação desde a época dos rolos de papiro, passando por Gutemberg até o nascimento do e-book. E concluem que a chegada de uma novidade não mata a anterior. O que há é uma evolução. O próprio Tonnac resume como essa transformação foi se dando no decorrer do século:

> Os usos e costumes coexistem e nada nos apetece mais do que alargar o leque dos possíveis. A fotografia matou o quadro? A televisão, o cinema? Boas-vindas então às pranchetas e periféricos de leitura que nos dão acesso, através de uma única tela, à biblioteca universal doravante digitalizada.

Práticas tradicionais e que são rotina no trabalho de comunicação corporativa não foram eliminadas e nem perderam a sua importância com o advento da internet e a evolução contínua das comunidades virtuais e redes sociais. Pelo contrário. O acesso fácil à tecnologia e às informações por meio de sites, sistemas de busca e todas as alternativas que envolvem o mundo web não significa, necessariamente, mais facilidades. A era do Google trouxe uma transformação sem precedentes a todas as áreas que se dedicam à comunicação, mas passou a exigir dos profissionais uma capacidade adicional para discernir o que importa e tem sentido para o trabalho que realizam tanto em conteúdo como em ferramentas. A tecnologia franqueou o acesso a um infinito de informações, mas elaborar uma estratégia, sugerir um cenário exige que sejam feitas as escolhas certas e em fontes que tenham credibilidade.

O MENOS QUE É MAIS

Apesar do impacto das novidades tecnológicas e das discussões acaloradas que costuma suscitar, às vezes, é o "feijão com arroz" que fará a diferença. Há muitos exemplos no mercado de empresas e marcas que não despertaram sequer para a necessidade de dar a devida atenção ao seu site. É comum fazer uma pesquisa sobre determinado assunto e se deparar com dados ultrapassados há tempos.

Por ser uma das principais vitrines de uma companhia, é importante que o site esteja atualizado, que traga informações confiáveis, que seu conteúdo e formato estejam em linha com os objetivos estratégicos de imagem e de mercado e que incorpore ferramentas de interação e serviço com os seus internautas. É essencial que a equipe encarregada de conduzir a comunicação corporativa lance um olhar sobre o site, crie processos para que seja atualizado e proponha mudanças tanto em *design* como em conteúdo e navegação sempre que houver necessidade. Trabalhar a imagem da empresa por meio de ações com seus *stakeholders* mais importantes fica míope se eles forem consultar o site e se depararem com algo muito distante do que está sendo proposto.

O Twitter não matou o *press release*. A interatividade não acabou com os jornais impressos. Eles continuam absolutamente essenciais como formadores de opinião, e seus acionistas e executivos fazem um esforço constante visando garantir espaço na preferência dos leitores. O vii Congresso da Associação Nacional de Jornais (anj), realizado em agosto de 2010, por exemplo, debruçou-se no debate sobre os desafios que as empresas precisam enfrentar para manterem a sustentabilidade de seus negócios na era digital. Apesar da queda de seus índices de leitura pela população mais jovem, os jornais continuam atraindo a maior fatia do investimento publicitário. E mantêm-se imprescindíveis em qualquer estratégia de comunicação corporativa.

Mergulhar e aplicar soluções tecnológicas de última geração sem levar em conta o contexto do mercado, o setor no qual a empresa está inserida, o que deseja com o seu planejamento, pode ser um erro. Como abordamos nos capítulos iniciais deste livro, cada empresa tem o seu modelo de gestão, sua cultura e objetivos de imagem. A comunicação corporativa exerce um papel essencial porque promove a interação, a troca com os públicos que são o alvo para o negócio ou reputação. As ferramentas da web precisam ser escolhidas levando em conta esse contexto. É essencial avaliar cada uma delas, qual o perfil de usuários que a utiliza, como é o seu funcionamento e, sempre que for necessário, integrá-las às outras ações do plano, que podem ser de divulgação, relacionamento, gestão de crise ou imagem. O gerente de imprensa da Petrobras, Lúcio Pimentel, é taxativo quanto à essa expertise, que vê como o grande diferencial e desafio que os profissionais de comunicação corporativa precisam enfrentar.

REDES DE RELACIONAMENTOS

A fase número um de um trabalho de web é o mapeamento, a identificação de quais são os blogs que têm alguma relação com a empresa para a qual você está trabalhando, além dos sites que interferem direta ou indiretamente nos seus produtos e marcas. A própria equipe, à medida que vai entrando no mundo do cliente, criará uma rede de relacionamentos com internautas e blogueiros. Em parceria com os especialistas em desenvolvimento e tecnologia são criados sistemas – chamados de robôs – que, por meio de palavras-chave, identificam os formadores de opinião que estão na web. É reconhecida também a importância de estar sempre atento ao que dizem os sites que tenham alguma relação com o negócio da empresa, Comissão de Valores Mobiliários (cvm), se for companhia aberta, tribunais e promotorias públicas, se houver algo tramitando nesses órgãos, agências reguladoras. Esse é um trabalho contínuo e precisa ser feito o tempo todo para que se tenha o máximo possível de informações e posicionamentos atualizados.

A lista de formadores de opinião na web será fundamental para fazer o monitoramento, a etapa inicial de um trabalho que realmente integra as manifestações na Internet à estratégia de comunicação como um todo. Monitorar significa acompanhar o que dizem blogueiros e internautas. Essa fase gera informações muito preciosas sobre a percepção que eles têm a respeito da empresa. Com elas, é possível construir um diagnóstico sobre a imagem da companhia, seus produtos e marcas e definir um plano de ação dentro do escopo e objetivos da comunicação corporativa.

O planejamento a ser feito pode ter três objetivos. Divulgar marcas, produtos ou campanhas por meio de mensagens, posts, tweets ou vídeos que possam ser acessados e compartilhados pelos internautas; estancar um movimento negativo alimentado por informações erradas, ou identificar posicionamentos favoráveis e contrários à empresa.

As ações proativas de interação direta com o internauta – RP 2.0 – possibilitam atuar nas três frentes citadas. Informações erradas são corrigidas para evitar que se propaguem e criem um cenário errado para o negócio. Posicionamentos contrários ao que a empresa e seus fundadores pensam ou têm como estratégia de negócio fazem parte do mundo livre. Portanto, encare-os com naturalidade e não crie conflitos no momento de colocar o pensamento da corporação para a qual você trabalha. Apenas esclareça com argumentos consistentes.

Se algum movimento fora do normal for detectado, com as citações sobre sua empresa subindo de uma maneira inesperada, acenda o sinal amarelo e pesquise o que está ocorrendo. Depois do diagnóstico, alinhe uma estratégia com toda a equipe de comunicação e não somente com quem cuida de web.

Para interagir com o internauta é preciso conhecer muito bem a ferramenta, saber o seu poder de disseminação de informações e ideias, ter segurança quanto à estratégia da empresa, além dos dados que são indispensáveis para informar ou esclarecer o interlocutor que está na rede. Quando possível, ter em mãos um perfil prévio do internauta ajuda muito porque você poderá dialogar com ele tendo alguma noção sobre as manifestações que têm feito, os temas e assuntos que são de sua preferência. E, muito importante, assumir abertamente a sua posição como representante da empresa. Nada de inventar perfis fictícios.

A ação tem que ser ágil porque na web os assuntos se alastram com muita rapidez. "A pessoa que vai dialogar com o internauta precisa ter autonomia de decisão. Não é igual ao telemarketing, que segue um manual. É o oposto. Tem que ter jogo de cintura", recomenda a professora da USP e pesquisadora em mídias digitais, Elisabeth Saad. Ela afirma que a gestão de crises na web dificilmente pode prescindir de uma interferência que seja off-line, uma conversa ao telefone. Se o problema está no Twitter, melhor do que discuti-lo na rede com dezenas ou centenas de seguidores, é dar ao internauta as indicações para que ele possa fazer um contato por telefone, por exemplo. Ele, certamente, replicará na rede a conversa que houve e a explicação que recebeu. Se ficou convencido, ótimo, porque multiplicará a mensagem. Caso contrário, ele saberá que tem um canal aberto para buscar explicações e que a empresa não está se escondendo. Você continuará o seu trabalho de esclarecimento na rede buscando informações para responder às dúvidas dos internautas. É um trabalho que precisa ser feito de forma integrada às outras ações de comunicação, especialmente com imprensa. Nem sempre é o que acontece, mas é muito comum assuntos começarem na rede e irem para os jornais e vice-versa.

É muito importante que, na interação com o internauta, não seja ultrapassada a linha tênue que separa o mundo particular do corporativo. Os interesses do cliente – lembre-se de que você é o seu representante – devem ser preservados e não podem ser misturados com a sua opinião particular. Juntar os papéis traz problemas e provoca situações constrangedoras.

Temos o exemplo de uma situação em que o integrante de uma equipe de comunicação indignou-se com os ataques feitos por um blogueiro a seu cliente e usou o seu blog pessoal para criticar o internauta pensando que não haveria impacto algum. Foi uma atitude de muita boa-fé, mas impensada e completamente fora do que estava alinhado na estratégia de comunicação. O internauta partiu para a sua defesa e a crise instalou-se. A situação foi contornada com muito custo e por meio de uma conversa franca fora do ambiente web. Mas, por pouco, a "boa ação" não criou para a empresa um constrangimento desnecessário e com repercussão negativa a sua imagem.

MOBILIDADE TOTAL

O costume de sentar em frente a um computador pessoal para trabalhar ou exercer qualquer atividade que exija interconectividade vem perdendo espaço para a comunicação e o acesso de dados por meio de aparelhos móveis. A oferta de celulares supermodernos e *tablets* cada vez mais baratos e com poder de processamento semelhante ao do computador elimina a necessidade de estar plugado a um PC tradicional para entrar em sites, blogs, comunidades ou redes sociais. Os internautas podem acessar o Twitter ou o Facebook de qualquer lugar e diretamente, sem a necessidade de entrar no site. Alguns programas – *gadgets* – fazem esse caminho. "Isso traz um problema aos sites que hospedam os blogs, comunidades e redes sociais. Se a sua intenção era atrair mais acessos, divulgar produtos e serviços ou ganhar dinheiro com publicidade, sairão perdendo muito", diz o consultor e engenheiro especializado em desenvolvimento de softwares, Renato Filipov. Quem precisa controlar o acesso à informação para obter receita, por exemplo, tem um problema com a rede. "Ela, por natureza, copia e distribui informação com facilidade", avisa Pedro Doria, editor-chefe de conteúdo digital do jornal *O Estado de S. Paulo*, em uma análise sobre o WikiLeaks.

As estratégias de comunicação precisam adaptar-se às contínuas mutações da internet. Elisabeth Saad, professora da USP e pesquisadora em mídias digitais, vê como uma das consequências do acesso a distância e por meio de aparelhos móveis a fragmentação das informações corporativas que hoje podem estar consolidadas no site da companhia. Ao acessá-lo, o internauta consegue ter uma visão abrangente dos negócios, cultura e valores de uma empresa. "Quando a maioria das pessoas estiver usando aparelhos móveis, o seu conteúdo terá que ser adaptado ao seu formato. Eles não têm a capacidade de tornar disponível tudo o que é possível colocar em um site tradicional", conclui.

FICOU MAIS DIFÍCIL

Lidar com esse cenário é mais um desafio ao estrategista da comunicação. Ele precisará definir as mensagens mais relevantes para informar os internautas espalhados no universo web. São pessoas que já não encaram uma visita ao site da empresa como um procedimento convencional para se informar. A linguagem e o conteúdo para "falar" com eles precisam ser adaptados ao seu perfil, ao aparelho que usam, comunidade ou rede que costumam acessar.

Para as empresas, a recomendação é que não se limitem a pensar no modelo tradicional de internet e considerar a sua missão cumprida no momento que o seu site estiver no ar. É indispensável estar dentro das redes de vídeos, como YouTube ou semelhantes, além de criar programas para celulares, *tablets* e os novos aparelhos lançados pela indústria da tecnologia.

Uma estimativa feita nos Estados Unidos pela Cisco Visual Network Index dá uma ideia do crescimento do uso de vídeos. Em 2014, produtos desse tipo serão responsáveis por 62% de todo o tráfego da internet. Serão mais de um bilhão de usuários acessando vídeos on-line. Um dos maiores impulsos a esse crescimento é o uso cada vez maior de televisores com acesso à internet.

Portanto, quem exerce o papel de consultor nos projetos para que as empresas mantenham sua imagem, marcas e produtos bem vivos em um mercado que se transformou em uma grande rede de troca de informações o céu é o limite. As mudanças, os lançamentos, os programas nascem com tanta rapidez que todas as previsões podem ser atropeladas. A mensagem mais importante, então, é manter-se sempre atualizado, não deixar para segundo plano as informações sobre o projeto de negócios de seu cliente e trabalhar sempre em parceria visando criar novas soluções e produtos com as ferramentas disponíveis. É um trabalho que não para nunca e com potencial de mudar todos os dias.

PRIMEIROS PASSOS PARA UM TRABALHO EM WEB

1. Comece a fazer um mapeamento dos formadores de opinião de sua empresa, marcas ou executivos na web. Identifique blogueiros e internautas das redes sociais e comunidades. A lista precisa ser atualizada constantemente.

2. Analise como esses internautas se posicionam em relação ao seu negócio. Construa um diagnóstico. Tente fazer o mesmo com os principais concorrentes.

3. Identifique os posicionamentos positivos e negativos mais relevantes que você captou. Monitore-os.

4. Sempre que houver uma ação de comunicação para os públicos-alvo de sua empresa – imprensa, por exemplo – redobre a sua atenção sobre o espaço web porque é importante saber o que os internautas pensam do que está sendo anunciado.

5. Caso você perceba uma movimentação fora do normal em relação às citações da empresa e marcas ou então dos seus concorrentes, analise. É importante entender o que está acontecendo.

6. Faça uma varredura no universo virtual. Simultaneamente, informe-se com a sua empresa se há algo acontecendo e que ainda não foi comunicado. Pode ser uma crise com produto, acidente ambiental ou uma operação financeira. Cheque se as informações que você encontrou na web têm fundamento ou não.

7. Trace um plano de ação. Defina uma estratégia com a sua empresa e comece a interagir com os internautas que estão falando sobre ela na web.

8. Apresente-se como o representante oficial da companhia e dê a sua versão. Haja com serenidade e respeito.

9. Evite debates em tempo real. Dê o caminho para que o internauta possa entrar em contato e converse calmamente, exponha a sua opinião e esclareça as suas dúvidas. Mesmo que ele não aceite os seus argumentos, saberá que a empresa agiu com transparência.

Relacionar-se com a imprensa na era da web

PONTE ENTRE A EMPRESA E OS JORNALISTAS

Não menospreze o poder da mídia tradicional. Mesmo que você não tenha adquirido o hábito de ler jornais e revistas e prefira os sites de notícias, saiba que essa ainda é uma exigência básica para ser um bom profissional de comunicação corporativa. O debate em torno da sobrevivência ou não dos veículos impressos pode até suscitar polêmicas e dúvidas, mas, por enquanto, o "velho" jornalismo continua fazendo uma grande diferença quando se pensa em reputação e imagem. O relacionamento com a mídia é uma das áreas mais estratégicas da comunicação corporativa. A capacidade de exercer muito bem o papel de "ponte" entre a empresa e os jornalistas é uma das qualidades essenciais e inegociáveis em contratações feitas por executivos que lideram os setores de comunicação das companhias e nas agências.

A aparente inadequação da linguagem jornalística, quando confrontada com a instantaneidade das milhares de mensagens que são trocadas o tempo todo no ambiente virtual, não acabou com o temor e o fascínio que jornais e revistas exercem sobre as pessoas que tomam as decisões.

"Se a imprensa está ausente, políticos cancelam seus discursos, manifestantes em defesa dos direitos civis adiam suas marchas, alarmistas deixam de fazer suas previsões lúgubres". Alguém duvida da veracidade dessa frase? Pois ela não é tão nova assim. Foi cunhada no início dos anos 1990 por Gay Talese, jornalista e escritor norte-americano, um dos expoentes do Novo Jornalismo, estilo que combina a forma narrativa da literatura com o realismo da não ficção. Quando decidiu divulgar milhares de mensagens secretas trocadas entre integrantes do corpo diplomático norte-americano, o fundador do WikiLeaks, Julian Assange, negociou a sua publicação com alguns dos mais importantes veículos da mídia tradicional mundial. Elas foram contextualizadas e tornaram-se reportagens com repercussão global. "Um casamento feliz – e interessado – da nova e da 'velha' mídia", escreveu Suzana Singer, *ombudsman* da *Folha de S.Paulo*, em uma de suas colunas . "O WikiLeaks sozinho não faz chover. Sem o prestígio da melhor mídia impressa, não teria obtido a repercussão que almejava".

ENTÃO, MÃOS À OBRA

Na vida prática de uma assessoria de imprensa, situações como a descrita por Talese não são tão raras assim. Em compensação, há o outro lado. Existe a crença de que tudo pode ser uma grande notícia e atrair o interesse da imprensa, o que não é verdade. O que pode ser muito importante para quem manda na empresa pode não ter o menor sentido para a opinião pública. Cabe ao consultor de comunicação discernir o que é uma coisa e o que é outra e saber explicar os porquês ao seu cliente ou interlocutor dentro da companhia. E, para isso, ele precisa saber o que é uma pauta que pode tornar-se uma boa notícia.

O primeiro passo para ter uma resposta é questionar-se sobre qual o interesse que a informação despertaria nos leitores de um determinado jornal ou site ou ouvintes de uma emissora de rádio. O segundo é ir além e contextualizá-la, colocá-la dentro do cenário da economia e da política do país, do enfoque que chega mais perto do interesse da comunidade ou público-alvo. Para isso é necessário pesquisar informações relacionadas ao assunto, fundamentá-lo com dados, saber argumentar e defender a tese e ter ideia dos setores que serão atingidos pela matéria. Informações soltas não têm sentido, mas são facilmente manipuláveis por quem as detêm. Voltemos ao WikiLeaks. As milhares de mensagens divulgadas não provocariam tanto impacto se os editores da mídia mundial não as tivessem contextualizado. As minas de nióbio brasileiras continuariam despercebidas pela maioria dos leitores dos jornais e sites de notícias, se documentos vazados pelo WikiLeaks não citassem o minério como produto estratégico para os norte-americanos. A imprensa foi atrás para explicar que minério é esse, por que ele é tão importante, quais são os grupos econômicos responsáveis pela sua exploração. O nióbio é utilizado na fabricação de peças de automóveis, aviões e na infraestrutura e 98% das suas reservas mundiais estão localizadas no Brasil.

No seu trabalho de relacionamento com a mídia, não é diferente. A investigação e a busca de informações para formar o cenário e criar uma pauta é semelhante à atividade do repórter que vai construir uma matéria.

FICAR PARADO OU PROVOCAR OS ACONTECIMENTOS

A assessoria de imprensa está alinhada com todas as ações desenvolvidas para informar ou dialogar com o restante dos *stakeholders*. A imprensa, como já falamos, é um público-alvo que exerce a função de informar os outros.

O trabalho pode ser reativo e, nesse caso, raramente há a intenção de aumentar as aparições na mídia por meio da sugestão de pautas e divulgação aos jornalistas. O consultor exerce mais a função de monitorar as informações, produzir análises e agir apenas quando é demandado ou em situações de crise que exigem a sua interferência. Executivos de empresas que são reativas na sua comunicação com a imprensa não têm o hábito de conceder entrevistas e se manifestam apenas em situações muito especiais.

A grande maioria das companhias, no entanto, percebeu que se relacionar com a mídia é indispensável para construir e manter sua reputação, divulgar e reposicionar produtos por meio de eventos, buscar reconhecimento junto à opinião pública, na comunicação visando à gestão de crises, mudanças de controle etc.

ENTREVISTA EXCLUSIVA OU COLETIVA?

Essa é uma dúvida que fará parte de muitos momentos em sua vida profissional. Ainda há no mercado pessoas que acreditam na coletiva como uma excelente estratégia para divulgar produtos ou decisões. Provavelmente, você ouvirá muitos pedidos nesse sentido. Na maioria das vezes, não é assim. Os jornalistas estão cada vez mais ocupados e submetidos às pressões dos prazos e das notícias. Não buscam simplesmente a informação. Querem mais. Que ela tenha diferencial e importância suficiente para ser destaque no veículo em que trabalham porque isso fará grande diferença na sua carreira profissional. Em entrevistas coletivas, todos são atendidos ao mesmo tempo e não existe privacidade em perguntas e respostas. Portanto, só opte ou sugira uma coletiva se o tema realmente tiver potencial para atrair os repórteres, como é o caso de grandes negócios ou a presença de uma personalidade que tenha repercussão nacional ou internacional. Poucas situações são tão constrangedoras como a de ter preparado todo o cenário para uma grande entrevista coletiva sem a sustentação de um assunto, uma pauta. A sua decisão dependerá muito dos objetivos estratégicos da empresa e também das suas metas de exposição pública.

Um erro que profissionais ainda cometem é não serem francos o suficiente quando seus interlocutores ou clientes pedem para aparecer na capa de uma revista semanal ou em colunas de grande repercussão nacional. Pedidos assim aparecem e esclarecer com argumentos os motivos que levam uma matéria a ser destaque impede que expectativas sejam frustradas.

Em crises de grandes dimensões, a coletiva pode ser uma opção para comunicar o maior número de jornalistas simultaneamente e de forma direta. A ação pode ser reforçada com a publicação e edição de anúncios de esclarecimento – pagos – nos principais veículos do país. O *recall* de algum produto muito consumido pode ser um exemplo. Nessas situações, a indústria vai a público anunciar o seu recolhimento e o procedimento que seus clientes devem adotar. A equipe de comunicação precisa estar apta a contribuir para definir a melhor estratégia de divulgação e dar suporte à ação empreendida por meio do atendimento eficiente aos jornalistas e monitoramento do espaço web.

TRABALHO PRÉVIO PARA UMA GRANDE REPERCUSSÃO

Sempre que você participar de um grande anúncio com expectativa de forte repercussão na opinião pública, é importante lançar mão de algumas ações visando preparar o terreno para a comunicação a ser feita à imprensa, seja ela por meio de entrevista coletiva ao vivo, webcast ou uma exclusiva. Uma delas é organizar uma agenda muito bem selecionada de pessoas – formadores de opinião, líderes de associações, chefes ou diretores de redação, colunistas ou blogueiros. O porta-voz da empresa – ou um executivo que seja reconhecido como o seu representante – entra em contato diretamente, informa o que está acontecendo e se coloca à disposição para responder perguntas, tirar dúvidas. Essa é uma atitude que revela atenção e que ajuda a sedimentar uma divulgação mais ampla. Essas pessoas, possivelmente, serão entrevistadas para repercutir o negócio ou opinarão sobre ele. Se tiverem a oportunidade de tirar as suas dúvidas e de fazer os seus questionamentos diretamente a quem está conduzindo o negócio, as chances de uma cobertura correta da operação aumentam muito.

QUANDO O ASSUNTO NÃO PODE MORRER – *CASE* MONANGE

Foi uma ação que durou seis meses e a estratégia era manter o assunto na mídia. Com mais de 40 anos no mercado, a marca Monange precisava ser "ativada". Fazer isso significava injetar investimentos para atualizá-la às aspirações de seus potenciais clientes, tanto em tecnologia e desenvolvimento de novos produtos, como design e apresentações das embalagens. As mudanças feitas na retaguarda necessitavam de uma agressiva estratégia de comunicação para ir além dos consumidores já tradicionais e sensibilizar novos clientes, especialmente jovens. A Monange era líder em hidratante corporal, mas atender a todas as necessidades de seu público exigia o lançamento de uma linha completa de produtos. Na base desse movimento, havia uma sólida estratégia de negócios com metas de vendas e *market share* (índice de participação no mercado).

O patrocínio de um megaevento, realizado durante o ano de 2010, em 11 cidades (São Paulo, Curitiba, Florianópolis, Porto Alegre, Rio de Janeiro, Brasília, Salvador, Belo Horizonte, Campinas, Vitória e Recife) – pela Mega Models, com o apoio da TV Globo – foi a escolha feita pela Hypermarcas, empresa que adquiriu o controle da Monange em 2007. O objetivo era o reposicionamento da marca. Batizada de Monange Dream Fashion Tour, a ação contava com a participação de 20 *top models*. A banda Jota Quest se encarregou da música. Um plano de comunicação muito bem casado com a agenda de atividades, campanhas em mídia paga e estratégia de negócios garantiu o resultado esperado em exposição pública e vendas.

COMO FOI COMUNICADO

Para cada cidade onde o evento era realizado, pensava-se em algo diferente. Desde o começo, quando foi elaborado o plano de comunicação, a equipe sabia que tinha que manter o interesse pela notícia até o final. E foram cerca de seis meses desde a data de início até o encerramento. A ação foi articulada.

No *mailing list* de cada cidade estavam jornalistas atentos ao noticiário sobre o vai e vem das celebridades. Essa, aliás, é uma área muito importante para quem vai atuar em comunicação corporativa, especialmente com foco e ações em marketing e eventos. É um mundo que se alimenta das notícias sobre o cotidiano e os hábitos de pessoas cuja imagem exerce um fascínio no público. No caso do Monange Dream, o objetivo era chegar até as pessoas mais jovens que acalentam o sonho de ser modelo ou então têm uma admiração especial pelas tops que, de certa forma, tornam-se inspiração de beleza e comportamento.

Os idealizadores do evento sabiam que para trabalhar com as aspirações e com o desejo do público era necessário jogar a marca "para cima", dar a ela um novo charme por meio do exemplo de sucesso e beleza das modelos. Como a marca Monange estava há muito tempo sem investimentos, ela "envelheceu" e tornou-se reconhecida como uma opção para as classes c e d. Com a modernização e a mudança, a intenção foi transformá-la também em uma escolha para a classe b, algo que já vem acontecendo.

Antes da chegada do evento já havia um anúncio prévio em cada local. O setor de distribuição da empresa chegava anteriormente e preparava os pontos de venda para que o impacto provocado pela ação e comunicação tivesse uma correspondência no mundo real, com os produtos anunciados nas prateleiras e todo o material promocional exposto. A equipe de comunicação se encarregava de fazer todos os contatos com jornalistas, blogueiros, twiteiros e comunidades virtuais. Providenciou um canal no Flickr, para a divulgação de fotos oficiais em cada uma das etapas do evento, além da postagem de vídeos no YouTube. A propaganda fazia o mesmo. A apresentadora Xuxa participou em todas as cidades.

É PRECISO SER CRIATIVO

Não basta apenas ter um grande evento na mão, com patrocinadores e parceiros fortes, para torná-lo também um acontecimento em comunicação. A estratégia tem que ter começo, meio e fim, e só termina com a apresentação dos resultados que são esperados. A equipe que trabalhou no Monange era composta de profissionais com perfis diferenciados. Mesmo sendo um evento cujo chamariz eram as *top models* e os famosos, o objetivo do patrocinador era estimular negócios e ganhar participação de mercado. Portanto, além de pessoas com experiência na divulgação de celebridades, o conhecimento sobre economia, consumo e negócios precisava ter destaque na cobertura jornalística.

Depois de planejado e alinhado com o cliente e com os convites já feitos, a equipe iniciou a fase de credenciamento para que jornalistas e internautas pudessem ter acesso ao *backstage*, que, nesse tipo de situação, é uma rica fonte de notícias, informações e fotos indispensáveis para alimentar toda a rede criada na web, notas em colunas de jornais e revistas. Essa movimentação manteve a expectativa sobre o evento acesa durante todos os meses de sua realização e foi o principal segredo do sucesso.

A estratégia mostrou-se acertada. Na última etapa, em São Paulo, o Monange Dream Fashion Tour já tinha sido mais que noticiado. Mesmo assim, cerca de 150 jornalistas apareceram para cobrir o encerramento. Um número semelhante não conseguiu credenciamento. Ao contrário do que acontecia na época em que a comunicação se limitava aos meios tradicionais, as redes sociais, os blogs e as comunidades – quando bem trabalhados e munidos de informações e imagens – podem manter o interesse por uma ação que reúne os elementos que atraem um público que "interage" por meio das ferramentas da web e de torpedos. É o casamento perfeito entre o tradicional e o novo que, bem planejado, dá os resultados esperados.

DICAS PARA UM BOM RELACIONAMENTO COM A IMPRENSA

1. Por meio da divulgação na imprensa, chega-se a outros públicos que podem ser alvo da sua ação. Informe-se sobre o perfil dos leitores, ouvintes ou telespectadores antes de entrar em contato com os veículos de comunicação.
2. Tenha um perfil prévio de cada um dos jornais, revistas ou emissoras que podem ser alvo de seu planejamento.
3. Informe-se sobre o posicionamento estratégico dos veículos de comunicação, quem são os seus acionistas, fundadores e diretores.
4. Sempre que acionar a imprensa, prepare-se antes. Se for sugerir uma pauta, é essencial ir à editoria e ou falar com o profissional que cobre o assunto.
5. Construir uma pauta é contextualizar o assunto. Para isso, busque informações, pesquise e relacione o tema com o cenário político e econômico de sua empresa.
6. Sempre que seu cliente, presidente ou diretor da empresa em que você trabalha der uma entrevista, esteja bem preparado e orientado para que a imprensa seja tratada de maneira estritamente profissional.

7. Antes da entrevista, é necessário receber as informações sobre o perfil do porta-voz, quem é ele, sua função. Também deve ser comunicado (no mercado, usa-se muito o termo *brifado*) a respeito do assunto e munido com informações básicas sobre o negócio da empresa. Troque ideias e coloque-se à disposição para ajudá-lo posteriormente.

8. Caso você não tenha a informação pedida pela imprensa, solicite-a e informe-se sobre o seu contexto. Às vezes, principalmente em companhias abertas, a informação não pode ser confirmada ou divulgada porque há uma negociação em andamento.

9. Entrevistas coletivas só devem ser feitas se o assunto tiver importância suficiente para atrair os jornalistas. Não arrisque montar uma estrutura e alimentar as expectativas de seu cliente ou chefe se não houver notícia que justifique tamanho investimento.

10. Assim como a imprensa trata de diversos assuntos simultaneamente, uma empresa gera uma variedade de temas e demandas. Há eventos, ações com celebridades e autoridades, sustentabilidade, anúncios de negócios, gestão de crise etc. Para cada situação haverá um discurso e uma linguagem alinhada com a cultura da empresa.

Comunicação financeira

QUANDO INVESTIDORES E ACIONISTAS SÃO O FOCO

A divulgação do balanço trimestral é uma das atividades mais importantes de uma equipe de comunicação que trabalha em uma companhia aberta. É um período de bastante trabalho e tensão porque sempre há muita expectativa do mercado com relação aos resultados divulgados, especialmente se a companhia para a qual você trabalha ou presta serviços tem muita liquidez – quando a ação é negociada com frequência – nas Bolsas de Valores e visibilidade.

Balanço é um assunto que envolve todo o alto escalão da empresa de capital aberto, desde executivos que estão em nível de gerência e em áreas como financeira, jurídica e de produção até o presidente, diretores, fundadores e controladores. Antes da divulgação ao mercado, o balanço precisa ser aprovado pelo Conselho de Administração. Ou seja, já deu para perceber que todos estarão de olho no seu trabalho, em como os jornalistas e formadores de opinião lerão os resultados financeiros divulgados e nos comentários que farão.

O preparo da divulgação de um balanço começa por entender os principais dados que estão no *press release* que a área de relações com investidores (RI) prepara para mandar para a Comissão de Valores Mobiliários (CVM), *Securities Exchange Comission* (SEC) e para o mercado financeiro. É um documento que costuma ser técnico e escrito em uma linguagem muito diferente daquela adotada para informar o público que não é especialista no assunto. O formato e o conteúdo precisam obedecer à legislação do mercado de capitais. Por isso, o ideal é que na sua equipe haja um profissional especializado em finanças ou mercado financeiro que tenha condições de compreendê-lo.

No preparo da estratégia de divulgação, ajuda muito fazer uma busca e resgatar o que a imprensa e as redes sociais vêm comentando ou noticiando sobre a companhia, suas áreas de interesse e a concorrência. Tenha sempre à mão o mapa da fonte, que nada mais é do que a identificação das pessoas que têm dado entrevistas, publicado artigos ou comentado relatórios de bancos que falem sobre a sua empresa ou os concorrentes. Se você tiver acesso às análises dos especialistas das instituições financeiras que acompanham o comportamento da empresa e suas ações no mercado, melhor ainda.

Seu público-alvo será formado especialmente pelos investidores que costumam fazer negócios com ações, além, é claro, dos formadores de opinião desse mercado, sobretudo jornalistas especializados em economia, colunistas e editores que se dedicam a escrever sobre o desempenho das empresas, rentabilidade dos investimentos ou a fazer recomendações sobre como as pessoas podem aplicar o seu dinheiro. Analistas, administradores de recursos, representantes do mercado de capitais e agências de classificação de risco também acompanham a cobertura da imprensa para formatar seus relatórios e análises.

Com as informações na mão, prepare um texto objetivo para ajudá-lo no atendimento das demandas dos jornalistas e na preparação do executivo que for conceder as entrevistas. Em divulgações de balanço, quem costuma falar é o diretor financeiro e de relações com investidores, e ele precisa estar ciente de que talvez precise responder a perguntas que pode considerar muito "básicas", mas que são normalmente feitas por quem não é especialista no tema. É essencial que ele saiba como a empresa tem aparecido na mídia impressa e digital. Há situações em que o presidente da empresa também fala. Nas conferências a distância dirigidas a investidores – e que os jornalistas especializados costumam acompanhar –, outros diretores geralmente participam. É o caso de vendas, distribuição e de áreas estratégicas cujas informações ajudarão a formar a opinião dos administradores de fundos de investimento – que têm ações da empresa em seu portfólio –, analistas de instituições financeiras, investidores. É importante que uma pessoa da sua equipe também assista à conferência porque sempre surgem informações diferenciadas e que podem ser utilizadas nas matérias. Analistas de bancos – que assistem a esses eventos – são mais focados nos dados que mostram o que realmente pode acontecer com a empresa e, em consequência, com o dinheiro de quem comprou suas ações. Se é hora de recomendar mais compras, manter a sua posição ou "realizar o lucro", expressão usada no mercado financeiro para "vender".

JEITOS DIFERENTES DE DIVULGAR OS RESULTADOS

Há várias formas e cada empresa adota o que imagina ser a melhor maneira de se comunicar. Algumas promovem conferências a distância. Outras, preferem falar pontualmente com os repórteres que procuram a empresa, e há aquelas que não falam. Outras julgam ser suficiente os jornalistas ouvirem as conferências para atender às dúvidas dos analistas do mercado e investidores. O seu papel, como consultor de comunicação, é sugerir a melhor estratégia para a exposição da companhia e apresentar à direção os motivos da sua sugestão, os prós e os contras. Essencial ter em mente que a opção de não dar entrevistas não significa ausência de cobertura e comentários sobre o balanço. Como os dados tornam-se públicos depois de registrados no site da CVM, qualquer um pode acessá-los e interpretá-los segundo a sua percepção e interesse.

Ter sempre atualizado e disponível o *mailing* de jornalistas e formadores de opinião que costumam prestar atenção em balanços financeiros é fundamental e garante agilidade quando precisar entrar em contato para acrescentar alguma informação ou esclarecer dúvidas. As agências de notícias especializadas ou que mantêm áreas com foco na cobertura do mercado de capitais – serviço Broadcast da Agência Estado, Bloomberg, Reuters, Dow Jones, por exemplo – e jornais econômicos como o *Valor Econômico* e *Brasil Econômico* estão sempre atentos a essas divulgações. *Folha de S.Paulo*, *O Globo* e *O Estado de S. Paulo* também cobrem o assunto, mas de uma forma mais conjuntural e nem tão específica e aprofundada nos números do balanço. Tentam dar um enfoque mais atraente aos seus leitores como, por exemplo, oscilações nos preços dos produtos, comportamento ou expectativa de vendas, investimentos na melhoria dos serviços etc. Companhias com repercussão internacional costumam atrair a atenção de correspondentes de jornais como *Financial Times*, *New York Times*, *Wall Street Journal* e de revistas como *The Economist*. No entanto, a simples divulgação dos números geralmente não é suficiente para uma reportagem. Os dados podem servir de "gancho" para uma matéria mais completa e que desperte o interesse de seus leitores.

SEU TRABALHO NÃO TERMINOU

A divulgação do balanço e as entrevistas concedidas não liberam você para ir embora com a certeza de missão cumprida.

Depois dessa etapa é sempre aconselhável ligar para os jornalistas e checar se eles continuam com alguma dúvida em relação ao que foi informado. Assim, restringe-se muito a chance de publicação de matérias equivocadas. É essencial também acompanhar a cobertura feita em tempo real por agências de notícias e sites, além dos comentários em blogs e redes sociais. Caso alguma informação errada seja colocada no ar, peça para corrigir o quanto antes. Se você não fizer isso, a incorreção pode virar uma bola de neve porque será replicada por meios de comunicação e formadores de opinião de todo o país e até do exterior. E aí talvez seja tarde demais para reverter a situação. A comunicação eficiente e comprometida com a transparência é uma aliada imbatível para a governança corporativa da empresa.

QUANDO EMPRESAS DE CAPITAL FECHADO FAZEM UM GRANDE NEGÓCIO

Operações que têm grande impacto na economia – mesmo de empresas que não tenham ações no mercado – despertam o interesse público e também precisam de uma estratégia de comunicação para que o negócio seja percebido corretamente. É importante entender os números, o impacto no mercado, quem vai se beneficiar e quem pode ser prejudicado pelo negócio para formatar uma estratégia de comunicação. Como não há divulgação de balanço, resultados financeiros como lucro, receita líquida, vendas, faturamento, investimentos não são de conhecimento do mercado. Mesmo assim, os porta-vozes serão questionados sobre eles e é preciso ter respostas a dar aos jornalistas.

Um dos exemplos mais importantes de empresas de capital fechado que movimentaram o mercado em 2010 foi a fusão das redes de varejo Insinuante e Ricardo Eletro. Juntas, as empresas formaram a segunda maior empresa de varejo de todo o país – Máquina de

Vendas –, um complexo de 528 lojas espalhadas em 16 estados e no Distrito Federal, com um total de 15 mil funcionários. Seu faturamento – R$ 4,2 bilhões em 2009 – só é superado pela soma de Pão de Açúcar, Casas Bahia e Ponto Frio, R$ 16,3 bilhões no mesmo ano.

Nesse caso, a estratégia de comunicação foi pensada com o objetivo de preservar as características das duas redes e manter a identificação que os clientes têm com a cultura e estilo de atendimento de cada uma. Os funcionários precisavam ser comunicados de forma clara para que não se instalasse um clima de intranquilidade nas lojas. Os próprios fundadores das duas redes gravaram vídeos, que foram transmitidos simultaneamente pela rede interna de TV a todos os empregados.

Cinco meses depois da primeira associação, a Máquina de Vendas comprou a Citilar, com forte presença na região Norte. A comunicação continuou com a sua linha inicial de preservar a cultura regional. Cada uma das marcas decidiu manter a sua comunicação separada, com assessorias de imprensa locais e uma coordenação em nível nacional para garantir o alinhamento de mensagens.

Ou seja, cada situação exigirá um foco específico e casado com os objetivos das empresas. Daí a importância de conhecer bem o cenário para propor a solução adequada.

DICAS PARA DIVULGAR UM BALANÇO PARA A IMPRENSA

1. Faça um diagnóstico sobre como tem sido a cobertura sobre a empresa e suas marcas. Inclua o seu setor de atuação e concorrentes. Esses dados são essenciais para contextualizar os números que serão divulgados e também para preparar o porta-voz que dará as entrevistas.
2. Identifique os analistas que têm feito previsões e falado sobre a empresa e a concorrência. Faça um breve perfil deles e um resumo dos seus comentários.

3. Entenda muito bem o que dizem os números que estão no *press release* produzido pela área de relações com investidores. Resgate divulgações anteriores e compare-as.

4. É importante ter uma pessoa na equipe que seja especializada em mercado de capitais porque a terminologia é muito específica. Se não houver esse profissional, tente deixar agendado um horário com a área de Relações com Investidores para esclarecer o conteúdo.

5. Produza o material de apoio às entrevistas e ao atendimento às dúvidas da imprensa. Ele deve conter um Q&A (perguntas e respostas), *briefing* com os pontos delicados que podem ser questionados. O diagnóstico prévio que você já terá feito o ajudará muito a identificá-los. Faça a lista dos jornalistas que devem cobrir o assunto. Coloque o perfil deles, o veículo de comunicação onde trabalham e um resumo das matérias que produziram e que têm alguma relação com o negócio da empresa.

6. Faça um *press release* para a imprensa e deixe-o aprovado e pronto para ser disparado quando o balanço já tiver sido enviado à cvm. Lembre-se de que informação nenhuma pode ser divulgada antes disso.

7. Acompanhe e monitore a cobertura em tempo real. Mesmo que a divulgação específica à imprensa não tenha acontecido, sites e agências nacionais e estrangeiras de notícias colocarão a notícia no ar. Eles buscam a informação diretamente no site da cvm e depois a repercutem com analistas e consultores do mercado.

8. Informações erradas precisam ser corrigidas imediatamente. Entre em contato com o site ou agência que a publicou e peça para corrigir. Informe e explique a informação correta. Faça isso imediatamente porque as notícias na internet são reproduzidas com muita velocidade.

9. Ao dar as entrevistas, o diretor financeiro e de relações com investidores (normalmente é ele quem fala sobre balanço) já deve ter sido informado sobre o andamento da cobertura, os jornalistas que irão entrevistá-lo e os assuntos que podem ser questionados.

10. Ainda assim, o seu trabalho não terminou. Continue monitorando as notícias nos sites e nas agências. Peça para alguém de sua equipe checar blogs e redes sociais. No dia seguinte, analise a cobertura dos jornais. Se houver algo que não está correto, é importante entrar em contato com o jornalista para informá-lo. Se for algo muito grave e que tenha impacto no mercado, pode ser necessário pedir uma errata.

Comunicação interna

O EXERCÍCIO DA TRANSPARÊNCIA

Em várias ocasiões, nos capítulos anteriores, abordamos a importância das estratégias de comunicação corporativa abarcarem todos os *stakeholders* relevantes à reputação e negócios de uma empresa. Nessa escolha, os funcionários são prioridade, pois formam um dos pilares mais importantes de um plano de comunicação.

Eles são formadores de opinião com o diferencial de conhecerem a empresa, seus produtos e serviços "por dentro", o que confere credibilidade às suas manifestações, sejam elas positivas ou negativas. Exercem o papel de porta-vozes da empresa ao se relacionarem com os consumidores e clientes e multiplicam informalmente a sua opinião entre os familiares e amigos. Participam de redes sociais e comunidades na web em que podem dividir experiências profissionais ou trocar informações sobre a empresa, controladores, executivos, ambiente de trabalho.

O seu engajamento é peça fundamental no projeto de desenvolvimento de uma companhia, seja ela grande, média ou pequena.

Como cumprir as metas e os objetivos do planejamento estratégico sem a participação e o comprometimento dos funcionários? Isso só se consegue se houver um fluxo de informações que seja transparente e que crie uma relação de confiança mútua. Em um cenário competitivo e globalizado, empresa alguma pode correr o risco de projetar seu desenvolvimento e perpetuidade sem levar em conta que precisará de um time de empregados com garra para levar adiante os seus projetos e aptos a serem os seus futuros líderes.

Passar ao largo dessas práticas pode significar dificuldades em atrair os profissionais de mercado que farão a diferença ou então perder as melhores pessoas para a concorrência. Antigamente, prevalecia a visão do funcionário distante do foco das decisões de uma empresa. Poucas vezes era comunicado sobre as mudanças na administração ou controle de seu local de trabalho. Havia uma preocupação muito mais presente em buscar reconhecimento externo – especialmente por meio da imprensa, ações de marketing e publicitárias – para as marcas, produtos e serviços. A comunicação interna, quando havia, tinha um papel mais informativo e com foco em comunicados oficiais da empresa que tratavam de determinações sobre como portar-se no local de trabalho, salários, horários, benefícios. Não muito diferente de sua origem. Na dissertação de mestrado que elaborou sobre comunicação interna, a consultora Ângela Pintor dos Reis lembra que seu nascimento formal deu-se na década de 1950, quando havia necessidade de manter os funcionários informados e aptos a seguir as normas e procedimentos da legislação trabalhista. A Consolidação das Leis do Trabalho – CLT – havia sido criada em pleno Estado Novo de Getúlio Vargas. "A partir disso, a comunicação interna foi evoluindo junto com as técnicas de gestão", diz a consultora.

Não existe uma forma única de a área estruturar-se dentro das empresas. Pode estar ligada a Recursos Humanos, Comunicação ou marketing. A pesquisa sobre comunicação corporativa nas organizações, realizada no segundo semestre de 2008 pela Aberje, dá uma indicação importante. Em 46% das companhias entrevistadas, a responsabilidade era da Comunicação, em 38,6%, do RH, e no restante, integrava o setor de marketing. Em companhias mais bem estruturadas, a comunicação interna conta com uma gerência e equipe própria para desenvolver todas as atividades. Esse gestor reporta-se a um diretor. O mais importante, no entanto, é que o trabalho desenvolvido pela equipe esteja alinhado com as estratégias da empresa em sua comunicação com todos os *stakeholders*, seus objetivos de mercado e imagem.

DO MONÓLOGO AO DIÁLOGO – *CASE* TELEFÔNICA

A transformação da comunicação interna na Telefônica traz muitos elementos que podem ser úteis para a construção de um projeto que vise engajar os funcionários nos planos de desenvolvimento ou na construção da reputação de uma empresa. A mudança começou em 2008, dez anos depois da privatização da Telesp, que deu origem à companhia. As lideranças da Telefônica perceberam que havia a necessidade de adequar o fluxo de informações com os empregados aos novos desafios de crescimento e de imagem da empresa. Até então, a comunicação interna tinha um foco mais voltado às informações da área de Recursos Humanos ou a eventos esporádicos. "A empresa passou por várias mudanças e alterações na sua estrutura organizacional e em seu modo de pensar. Houve a necessidade de criar uma cultura, um senso comum em torno de um mesmo objetivo", conta Cesar Rua, gerente de comunicação interna da Telefônica.

Desde o início do projeto, a alta direção da empresa – a começar pelo seu presidente – comprou a ideia e participa ativamente do processo. Sem esse comprometimento, seria muito difícil colocar em prática um modelo de comunicação que tem como uma das suas principais prerrogativas a transparência na divulgação das boas e más notícias da empresa.

O trabalho foi desenvolvido em várias etapas. Uma das primeiras foi a identificação e a análise das ferramentas de comunicação já existentes dentro da Telefônica desde *newsletters* impressas passando por e-mails e murais. O resultado mostrou o que se previa. Não havia unicidade no discurso nem uma relação do conteúdo divulgado com os objetivos estratégicos da empresa. As ferramentas usadas também estavam distantes dos hábitos dos funcionários. Com idade média de 37 anos e atuando em um ambiente onde se transpira tecnologia, interatividade e informação em tempo real, eles são usuários de redes sociais, participam de comunidades virtuais, assistem a vídeos no YouTube. Não costumam se sentir atraídos por textos longos, impessoais e que não tenham uma linguagem direta. Ao todo, são cerca de oito mil empregados e todos têm acesso à intranet.

Depois do diagnóstico feito e dos objetivos já definidos, o projeto ganhou cinco focos iniciais.

1. Utilização de ferramentas semelhantes às mídias sociais: optou-se por uma intranet com os meios, layout e interatividade dos blogs, das comunidades e redes sociais, além de vídeos com formato YouTube. Murais e *newsletters* impressas foram descontinuadas, mas decidiu-se pela manutenção da revista bimestral *somos*. Distribuída aos funcionários, dedica-se à publicação de matérias mais longas e trabalhadas sobre assuntos ligados à empresa e à vida de seus empregados. Todos os dias é produzido o "Bom Dia Telefônica", informativo eletrônico com as principais notícias sobre a empresa, disponível na intranet.

2. Maior participação dos empregados: eles são estimulados a contar as suas conquistas pessoais e profissionais usando os canais internos por meio de vídeos ou textos. Sempre

se busca uma relação entre a experiência vivida e os desafios que são vivenciados dentro do local de trabalho para que se consiga alcançar uma meta. Por exemplo: o depoimento de uma funcionária que concretizou o seu sonho de viajar de asa delta estimulou questionamentos sobre os desafios no ambiente de trabalho. Uma campanha para a redução no consumo de papel ganhou um *hotsite* especial criado para permitir a troca de ideias e de dicas sobre consumo consciente, seja ele de energia, água ou qualquer outro bem da natureza, além, claro, do papel.

Os funcionários são incentivados a fazer coberturas, como se fossem repórteres, para a intranet. Na festa de final de ano de 2009, um grupo surpreendeu o presidente da empresa e gravou uma entrevista sua com uma câmera amadora. O executivo entrou no clima, respondeu às perguntas com naturalidade e o vídeo foi para a intranet.

3. Incentivo para que os empregados participem das ações sociais da Fundação Telefônica. A comunicação interna faz campanhas e estimula a cobertura interativa das atividades. Um *hotsite* especial para o Dia dos Voluntários em 2009 e 2010 permitiu a troca de mensagens entre aqueles que participam das ações e o grupo que precisa ficar trabalhando. As mensagens-chave das campanhas visam despertar o interesse para as ações que beneficiam a comunidade, mas lembram também os princípios da empresa e o trabalho em equipe. Em 2009, o mote foi "o tempo se torna valioso quando ajudamos alguém". Em 2010, "é no desejo de fazer o bem que a gente se encontra. Melhorar sempre. Esse é o nosso desejo".

4. Sinergia entre a comunicação interna e a comunicação externa: as decisões importantes da empresa são comunicadas antes aos funcionários do que aos públicos externos.

Em situações relevantes, o presidente ou os diretores são os porta-vozes na comunicação interna. Essa prática reforça a relação de respeito e a atenção que a alta direção dá ao seu time de funcionários.

Os assuntos que são trabalhados pela equipe de assessoria de imprensa tornam-se tema também nos meios de comunicação interna. Só muda o foco porque os públicos são diferentes e há a necessidade de adequar conteúdo e ferramenta.

Uma reunião semanal conjunta de toda a comunicação – interna e externa – integra as informações e define as estratégias.

5. O papel estratégico da comunicação interna: a área deixou de ser vista como um apoio e tornou-se chave na formação da cultura da empresa. Exerce a função de consultoria sempre que a alta direção precisa tomar uma decisão que tem impacto entre os funcionários. Tornou-se uma prioridade.

A mudança no jeito de fazer comunicação interna na Telefônica criou um ambiente de interação. "Saímos do monólogo para o diálogo", diz Cesar Rua.

NA PRÁTICA

Um ano depois de ter começado a transformação no seu modo de comunicação com os funcionários, a Telefônica passou por uma prova de fogo. Em junho de 2009, a Agência Nacional de Telecomunicações (Anatel) suspendeu a venda do Speedy, o seu serviço de banda larga. A notícia, com forte impacto na empresa e opinião pública, encontrou os pilares do novo modelo de comunicação interna da empresa já definidos e estruturados. E eles foram colocados em prática.

De imediato, decidiu-se que os empregados seriam prioridade na informação sobre o assunto porque a suspensão os afetaria diretamente. Quem era da área de vendas – por exemplo – pararia de trabalhar? Havia o risco de perder os funcionários que se sentissem "inseguros", exatamente, no momento em que a empresa mais precisava de seu envolvimento para atender as exigências da Anatel. A comunicação interna teve papel fundamental ao mantê-los informados e ao ter voz ativa nas definições sobre as estratégias de comunicação.

A decisão da Anatel seria divulgada em uma segunda-feira de manhã, e as respostas aos questionamentos e ao clima de insegurança que poderia se instaurar internamente precisavam estar prontas quando todos chegassem para trabalhar. Durante o final de semana, a equipe elaborou um intenso "perguntas e respostas", um exercício com todos os questionamentos possíveis e suas respectivas respostas. Ao voltar do final de semana, os funcionários da Telefônica poderiam consultar o material na intranet.

Foi feito também um link para que eles pudessem acompanhar todas as notícias sobre o assunto que a imprensa vinha noticiando. O "Executivo em Dia", informativo produzido diariamente pela Telefônica e destinado a aproximadamente 500 executivos, foi enviado no sábado para que eles estivessem preparados quando chegassem ao trabalho, na segunda-feira, e não fossem surpreendidos pelas dúvidas de suas equipes.

A entrevista coletiva à imprensa programada pela empresa foi gravada e transmitida aos empregados. Durante o período da crise – entre julho e setembro –, o presidente da empresa gravou 11 vídeos para dar as más e as boas notícias sobre o assunto aos funcionários.

Com o objetivo de apurar como foi a recepção da estratégia adotada pela comunicação, a Telefônica contratou o Ibope para que alguns atributos da empresa fossem avaliados no início e no final da crise. Na pesquisa, foram consultados 500 funcionários de um total de 8 mil. O resultado revelou uma melhora em todos os atributos, tanto em relação ao cliente e serviços como na transparência, o que sinaliza o acerto no modelo de comunicação interna escolhido pela empresa, como pode ser conferido na tabela a seguir.

Tabela 1 – Evolução dos atributos

Atributos	3 a 6 de julho de 2009 (%)	2 a 3 de setembro de 2009 (%)
Sólida	97	99
Oferece serviços de qualidade	84	91
Confiável	89	93
Respeita o cliente	83	89
Transparente	88	91

Fonte: Telefônica.

RECOMENDAÇÕES PARA ESTRUTURAR A COMUNICAÇÃO INTERNA

1. Tenha em mente que a comunicação interna é um dos braços da comunicação corporativa de uma empresa. Portanto, busque sempre um alinhamento para que todas as ações tenham um objetivo comum.

2. Antes de elaborar o plano para estruturar um projeto de comunicação interna, informe-se sobre as ferramentas já existentes dentro da empresa: jornais murais, *newsletters* impressas, intranet, e-mails corporativos, TV corporativa, revistas. Identifique-os e faça um diagnóstico para descobrir a adesão das pessoas a esses veículos, periodicidade, assiduidade, como as pautas são definidas – se há a par-

ticipação dos empregados ou se são apenas resultado de decisões da alta direção da empresa.

3. Paralelamente, cerque-se de outras informações. Fale com os acionistas para ter claro qual é a missão, visão e valores da empresa, sua cultura, crenças e dados do planejamento estratégico que mostram aonde e como a companhia quer chegar em seu negócio. É importante apurar se eles concordam e compram a ideia de uma comunicação que seja transparente.

4. Converse com as principais lideranças da empresa e ouça o que elas têm a dizer sobre o tema. Busque todos os dados possíveis sobre pesquisas feitas com os empregados. É importante conhecer as suas aspirações e as expectativas de desenvolvimento pessoal e profissional.

5. O RH tem dados muito relevantes em relação à idade, escolaridade, *turnover*, índice de homens e mulheres. Busque informações sobre política salarial e de pagamento de bônus, em caso de cumprimento de metas. Tenha claro se a empresa tem uma prática voltada à diversidade racial e é preocupada em ter em seus quadros pessoas portadoras de deficiências, e se tem uma política de treinamento ou de incentivo à formação profissional por meio de cursos de educação continuada, especialização, MBAs. Apure também dados sobre segurança e saúde no trabalho. A comunicação interna pode ajudar muito na prevenção e redução de índices de acidentes por meio da orientação e da informação.

6. Utilize esses dados para construir um quadro com o perfil dos funcionários. Essas informações serão fundamentais para a escolha das ferramentas adequadas de comunicação e também para a linguagem e *layout* que serão adotados. Lembre-se de que são raras as empresas

onde todos têm acesso à intranet e, com isso, você terá que lançar mão de outros meios. Caso você esteja numa indústria com unidades em vários estados do país, o uso de transmissões por meio da TV corporativa pode ajudar. Veja os locais de maior fluxo de empregados para que os monitores sejam instalados. Informe previamente a programação e diversifique regionalmente as pautas.

7. Importante saber se existe uma cultura de estímulo e incentivo ao trabalho voluntário em organizações apoiadas ou não pela empresa. Identifique essas ações e a adesão dos funcionários. Sugira campanhas para engajá-los, mas lembre-se da necessidade das lideranças comprarem a ideia e participarem.

8. Não faça um trabalho isolado. É muito importante atuar de forma integrada com a comunicação desenvolvida para outros públicos. Crie um fluxo de informações com a área de marketing para que você possa informar os funcionários sempre que houver uma nova campanha ou lançamento de produto. Também nesse caso é importante que eles saibam antes.

9. Crie formas de participação dos empregados nas pautas e no conteúdo dos produtos da comunicação interna. Estimule-os a participar por meio de pautas, vídeos, entrevistas. Pesquise histórias individuais, diferenciais e resultados obtidos pelo trabalho para desenvolver o conteúdo.

10. Não deixe ninguém sem resposta. Os questionamentos, as sugestões e as dúvidas dos empregados em relação à comunicação feita para eles precisam ser respondidas com atenção para que a relação de profissionalismo prevaleça.

11. Crie mecanismos para que o público interno possa se manifestar sobre as matérias e os assuntos tratados. Mesmo que nem todos tenham intranet no local de trabalho,

é importante formar uma cultura de interatividade e de troca de informações. Realize treinamentos para informar as pessoas sobre o funcionamento de redes sociais e comunidades virtuais e o impacto de comentários feitos sobre a empresa nesses ambientes.

12. Avalie o resultado do seu trabalho. Crie indicadores para fazer a gestão das rotinas e também acompanhar o cumprimento das metas da comunicação interna. Você pode realizar pesquisas periódicas para avaliar o impacto das informações entre os funcionários. Ou criar mecanismos na própria intranet para apurar o índice de leitura e a receptividade das notícias e seu formato. Lembre-se de que seu trabalho está atrelado aos objetivos e estratégias da empresa, ao fortalecimento ou formação de uma cultura e à manutenção de um clima interno saudável e que estimule o crescimento e o trabalho em equipe.

Disciplina criativa

MANTENDO A MEMÓRIA GERENCIAL

Empresas de todos os setores perceberam a necessidade de organizar o seu trabalho e passaram a adotar processos para melhorar a sua gestão. A área de comunicação, como parte integrante e estratégica de uma companhia, também é afetada por esses procedimentos. E isso vale tanto para equipes de profissionais contratados pela empresa como para os prestadores de serviços, empregados de agências e consultorias de comunicação.

Processos funcionam como padrões, formas de agir comuns a todas as áreas de uma empresa e que se tornaram essenciais para que haja uma gestão eficiente. Sem eles, cada profissional age por conta própria e a empresa perde tempo e dinheiro porque não tem uma visão clara sobre a sua situação no mercado e seus resultados. No emaranhado do dia a dia perde a sua memória gerencial e o conhecimento acumulado com as boas e más experiências. Mesmo que ainda existam no mercado pessoas que entendem o uso de processos no trabalho como uma burocracia desnecessária e que traz consequências nefastas à criatividade, a sua aplicação é inexorável.

"O Brasil tem uma arraigada e antiquada crença de que a criatividade e a disciplina são incompatíveis. Evidentemente, isso não é verdade", escreveu o publicitário e presidente do Grupo ABC, Nizan Guanaes, em artigo publicado na *Folha de S.Paulo*. Há alguns anos, ele seguiu o exemplo de alguns empresários bem-sucedidos como Norberto Odebrecht, Jorge Gerdau e Beto Sicupira e contratou o Instituto Nacional de Desenvolvimento Gerencial (INDG), que tem no professor Vicente Falconi um de seus fundadores e grande inspirador. "Ele nos ajuda a dar disciplina e método a nossa criatividade", acrescenta Nizan. O Grupo Máquina passou por uma experiência semelhante. Também com o apoio do INDG, desenvolveu um trabalho com todas as suas lideranças visando definir e deixar claros procedimentos para tornar mais eficiente a sua gestão e preservar o seu conhecimento.

Esses são apenas dois exemplos que mostram uma mudança no jeito de trabalhar em ambientes que, para serem reconhecidos, não podem colocar a criatividade de seus funcionários em segundo lugar, mas que, ao mesmo tempo, sentiram a necessidade de trabalhar com método.

Mesmo que você esteja atuando em uma empresa, consultoria ou agência de comunicação que não tenha despertado para esse modelo mais organizado, em algum momento, você se deparará com um cliente ou fornecedor com essa cultura sedimentada. Esse é um dos motivos pelos quais aprender a lidar com processos e reconhecê-los no dia a dia torna-se cada vez mais importante para quem planeja atuar ou já atua em comunicação corporativa. Ter essa percepção e conviver com ela é essencial para o bom relacionamento. Sem ela, corre-se o risco do desgaste provocado por discussões sobre prazos e assuntos que já poderiam ter sido resolvidos.

O EXERCÍCIO DE COMPARTILHAR

Tanto em uma empresa como em uma agência de comunicação, o seu trabalho não está isolado e os processos ajudam a compartilhá-lo. Sua atividade interage com outras áreas e as informações precisam ser conhecidas por todos de uma forma disciplinada. Os processos ajudam a falar a mesma língua e a agir na mesma direção. Caso seu cargo seja de direção ou gerência essa exigência é ainda maior. Por exemplo: como fechar um contrato com um parceiro terceirizado sem levar em conta o departamento jurídico – que o analisa – e o financeiro, que vai ver a sua viabilidade, emitir a nota fiscal, pagar os impostos e contabilizar a receita para calcular o resultado? Ou então, como contratar um novo profissional para a sua equipe sem considerar os fatores legais e aqueles praticados pelo seu empregador? Quando não há processos claros e sedimentados isso ocorre de maneira mais informal, mas, dependendo do tamanho da empresa, a ausência de um método conhecido por todos os envolvidos tende a dificultar muito o trabalho porque cada um lida com a situação conforme a sua própria cultura. Como recomenda o diretor de comunicação da Telefônica, Emanuel Neri, "você tem que ter um pouco da cabeça do administrador, do engenheiro e não só do jornalista".

O acesso aos processos de uma empresa ocorre de várias maneiras. Eles podem estar inclusos nos sistemas de gestão – softwares – que estabelecem o fluxo de informações entre as suas várias áreas. Com o tempo, você nem vai perceber que está colocando em um programa as informações relevantes e que está cumprindo os ritos que são fundamentais para o trabalho de todos. Eles já estarão incorporados no dia a dia. Há situações em que os procedimentos podem ser consultados na intranet ou em manuais impressos que estabelecem como você deve proceder com as informações relevantes – contratação de pessoas, fechamento de novos contratos, normas para a contratação de fornecedores etc. – e de que forma devem ser comunicadas aos setores de interesse direto como financeiro, jurídico ou recursos humanos (RH).

A forma como os processos são colocados em prática depende muito do perfil da empresa. O essencial é que eles não engessem o seu trabalho, mas que sejam um apoio importante na contribuição da comunicação para o cumprimento das suas metas do negócio como um todo. Que ajudem a sua equipe a ter mais tempo para desenvolver produtos e serviços que serão o verdadeiro diferencial do seu trabalho.

CONDUTA CORPORATIVA

Assim como há processos de gestão que precisam ser respeitados, cresce o número de empresas que passaram a deixar claro aos seus executivos, funcionários e parceiros como devem comportar-se nos seus ambientes. Não costumam ser regras coercitivas, mas recomendações que estabelecem como eles devem se comportar em relação à segurança da informação, uso de e-mails corporativos, confidencialidade ou até mesmo condutas sobre como proceder em relação a presentes e viagens. Estabelecem regras de conduta em relação a convites para participar de eventos, palestras, apresentações ou qualquer outra atividade que possa ter alguma interferência na imagem e nos negócios da empresa.

O uso disseminado dos blogs, comunidades e das redes sociais impulsionou as empresas a incluírem em seus manuais recomendações sobre a sua utilização pelos funcionários, executivos e parceiros. Nas redes sociais, as barreiras que separam o espaço público e o privado praticamente não existem e isso tem causado algumas surpresas desagradáveis para os dois lados.

Tornaram-se comuns os casos de executivos ou funcionários que usaram seu Twitter pessoal para emitir opiniões aparentemente particulares, mas que afetavam a empresa ou marca. Ficou muito conhecido o caso do diretor comercial de uma empresa patrocinadora de um time de futebol de São Paulo que, sendo torcedor do rival, fez comentários sobre a atuação do patrocinado durante um clássico entre os dois times. O resultado foi uma crise de imagem e a imediata demissão do executivo pela empresa que o contratava. Outro exemplo emblemático foi o de uma grande editora que foi surpreendida por críticas feitas por um de seus jornalistas na rede social. Também nesse caso houve demissão.

Grandes empresas que atuam na área de serviços à população e que costumam estar no topo dos *rankings* de reclamações aos órgãos de defesa do consumidor constataram que é comum seus próprios funcionários – às vezes também usuários – engrossarem o bloco dos descontentes. São queixas que têm ainda mais impacto porque carregam o aval dos seus próprios empregados. Ao se depararem com problemas desse tipo, decidiram reformar os seus manuais de conduta com a inclusão das redes sociais. Paralelamente, promovem treinamentos com o objetivo de esclarecer aos seus funcionários e parceiros sobre as consequências que um comentário aparentemente sem importância pode ter para a sua vida profissional e para a imagem da empresa.

Trabalhando em uma empresa ou então em uma consultoria de comunicação, você pode ser chamado para colaborar na definição e na difusão desses procedimentos ou condutas. Um trabalho que, certamente, será feito em parceria com Recursos Humanos e Jurídico. E que também vai exigir um plano de ação com objetivos, prazos e responsáveis pela execução de cada uma das tarefas que compõem o projeto.

EM COMPANHIAS ABERTAS

Em empresas que negociam as suas ações nas Bolsas, os procedimentos adotados na comunicação com a imprensa e outros públicos precisam "casar" com as normas do mercado de capitais e que são estabelecidas pela Comissão de Valores Mobiliários (cvm) ou Securities Exchange Comission (sec), no caso das companhias que vendem suas ações também nas Bolsas norte-americanas. Existem restrições à divulgação de informações em períodos que antecedem a publicação dos balanços trimestrais, operações de lançamento de ações, compras, vendas... enfim, tudo o que pode repercutir no movimento e na valorização das ações negociadas no mercado. Nessas fases, conhecidas como períodos de silêncio – *quiet period* – é permitido divulgar ou dar entrevistas apenas sobre assuntos que não tenham relação com o mercado de capitais, como, por exemplo, a abertura de inscrições para um programa de recrutamento de estagiários ou *trainees*.

Em situações em que a dúvida persiste, a melhor maneira de não errar é consultar a área de Relações com Investidores, que conhece a fundo a legislação de mercado de capitais. Notícias fora de hora, como previsões de venda ou aumento da receita, que sejam diferentes daquelas já conhecidas pelo mercado provocam transtornos indesejáveis. A cvm e a sec podem pedir explicações para a sua empresa ou então determinar a ela a divulgação de comunicados ao mercado para que esclareça o que realmente está acontecendo com o seu negócio.

É recomendável que integrantes de consultorias e equipes de comunicação não possuam investimentos em ações. Alguns órgãos da imprensa, mais preocupados em manter a sua credibilidade e boas práticas, proíbem os seus jornalistas de fazer investimentos em papéis de companhias. Profissionais que trabalham em empresas de comunicação costumam ter informações "privilegiadas" e não é ético que façam operações financeiras. Seria no mínimo constrangedor ter ações de uma determinada empresa e participar de estratégias de comunicação relacionadas direta ou indiretamente aos seus negócios. Uma alternativa para quem quer investir em ações é comprar cotas de fundos de investimentos formados por papéis de empresas.

MÉTODOS PARA PÚBLICOS DIFERENTES

Não é preciso que haja exigências legais para que empresas invistam em treinamento e manuais de conduta que ajudam os seus empregados a relacionar-se com os seus públicos. O Manual de Relacionamento com a Imprensa é adotado pela grande maioria das corporações que já tem uma cultura de comunicação. Ele estabelece desde as principais mensagens até as orientações sobre o que fazer caso um funcionário seja abordado por um jornalista. Deixa claro quem são os porta-vozes e como os fundadores e acionistas enxergam a comunicação.

A inclusão das classes D e E no mercado de consumo reforçou a preocupação das empresas em buscar a solução imediata dos problemas que afetam o consumidor. O número de demandas dos clientes cresceu muito e passou a exigir das empresas uma reestruturação e o aumento de suas equipes de atendimento. Consultorias de comunicação têm sido acionadas para montar treinamentos e disseminar entre todos os funcionários e parceiros de empresas o que deve ser feito para que queixas e reclamações não formem filas à espera de uma solução que pode demorar dias. Construtoras têm feito isso. Equipes de segurança que atuam em redes de varejo ou indústrias têm passado por processo semelhante e sempre contam com a consultoria da comunicação. E essa é uma etapa importante para a consolidação da imagem e percepção que empresas e marcas têm para o público.

Medindo resultados

A TENTATIVA E ERRO COM OS DIAS CONTADOS

A palavra *resultados* talvez tenha sido uma das mais citadas neste livro. E há motivos para isso. Nos vários níveis e funções de nosso trabalho e experiências no mercado de comunicação corporativa, a busca por resultados é constante. Antigamente, prevalecia a cultura da intuição e da "tentativa e erro" para se chegar a algo que era esperado em relação à exposição na mídia ou à reputação. O executivo de uma empresa poderia sentir-se querido ou reconhecido pela imprensa pelo número de vezes que era consultado para falar sobre determinado assunto ou pelas informações em *off* que tinha oportunidade de passar por ter construído um relacionamento muito bom com alguns jornalistas. Hoje, o cenário mudou, e atitudes como essas talvez não tenham o mesmo sentido se forem confrontadas com o ambiente competitivo dos negócios e com a busca da perenidade que os fundadores, controladores e acionistas empreendem para as suas empresas. Não estava errado, mas os tempos mudaram e novas exigências apareceram.

A apuração dos resultados, sejam eles financeiros, de imagem e percepção dos serviços ou de reconhecimento das ações de desenvolvimento sustentável planejadas e executadas por uma empresa, tornou-se um diferencial de competitividade e até mesmo de sobrevivência. Ter essas informações à mão no momento de definir estratégias ajuda muito a acertar.

Um discurso muito bem articulado para convencer os *stakeholders* sobre as boas intenções do negócio não é suficiente. É preciso ter respaldo em dados que mostram efetivamente quais são os seus impactos, as metas para melhorá-los e como isso será feito.

Em outras palavras. O "achismo" cedeu seu espaço para metodologias que se propõem a mostrar com números e índices muito claros quais foram os resultados de uma determinada ação de divulgação na imprensa ou como uma empresa ou marca aparece em blogs, redes sociais e comunidades, e a opinião que seus *stakeholders* têm a seu respeito. São indicadores que possuem vários níveis de sofisticação, mas que estão sempre evoluindo para acompanhar o cenário da informação e para atender às demandas do mercado.

Podem formar séries históricas que mostram a evolução do impacto das decisões tomadas na comunicação com *stakeholders* e o seu efeito na imagem e no reconhecimento da empresa. Servem para monitorar o cumprimento das metas dos executivos, como ferramenta de gestão, correção de rumos, suporte para planejamentos futuros; além disso, podem tornar-se um importante indicador do retorno dos investimentos feitos. O diretor de comunicação da Camargo Corrêa, Marcello D'Angelo, lembra que teve a sua primeira experiência em comunicação corporativa em 1995, na Cosipa. De lá para cá houve muita mudança. "Evoluiu-se porque as empresas e os profissionais começaram a entender como se medem resultados. Hoje é possível mostrar em números quanto o seu trabalho agrega. Há uma série de indicadores que fazem uma crítica da atividade de comunicação e eu não estou falando em centimetragem", afirma. São sistemas para calcular o resultado das ações de comunicação e também a opinião que os *stakeholders* têm de uma determinada empresa, marca ou instituição.

Nada está efetivamente pronto. Os serviços evoluem com muita rapidez tentando seguir o movimento da informação e seus meios de transmissão, além do contexto dos negócios. Mas há muito por fazer. No relacionamento com a imprensa, sistemas de apuração de resultados convivem com metodologias mais aprofundadas, que avaliam aspectos qualitativos da exposição, como perfil do veículo, autor do artigo, se tem foto ou não etc. Além disso, em comunicação corporativa, a imprensa não é o único *stakeholder*. Alguns serviços disponíveis no mercado já se preocupam em medir a eficácia das ações de comunicação feitas para outros públicos. O potencial para o desenvolvimento de soluções para atendimento à demanda das empresas é grande. "Medir a eficácia das iniciativas de Relações Públicas ainda é um grande desafio" , diz o autor do livro *Retorno dos investimentos em comunicação*, Mitsuru Higuchi Yanaze e seus dois coautores, Otavio Freire e Diego Senise.

CLASSIFICAÇÃO DAS MATÉRIAS

É um sistema simples de apuração de resultados. Consiste na identificação das reportagens e dos artigos que foram publicados como positivos, negativos e neutros. Ao final de cada semana ou mês as informações são transformadas em gráficos e, ao longo do tempo, tornam-se séries históricas. Podem ser divididas por veículo – jornal, revista, sites de notícias, rádio e TV – , editorias, regiões ou assuntos que são relevantes para a empresa. Incluem também – se for o caso – os principais concorrentes para que possa ser feita uma comparação. Por meio da análise dos dados é possível identificar situações em que existe a necessidade de promover uma ação

Comunicação corporativa

específica visando reverter um quadro negativo ou então definir onde ainda há espaço para divulgar determinado produto.

Esse modelo foi aperfeiçoado e passou a incluir as manifestações feitas também na web. Como citamos no capítulo "O universo web", que trata especificamente da internet, sistemas identificam as citações a empresas ou marcas na rede por meio de palavras-chave previamente definidas. Além disso, a própria equipe de comunicação costuma ter uma lista, que precisa ser atualizada constantemente, de formadores de opinião na web – especialmente blogueiros –, além de sites de interesse da companhia, comunidades e manifestações no Twitter. As informações captadas são analisadas e trabalhadas por meio de gráficos e tabelas, o que ajuda a montar um retrato da empresa ou das marcas.

O grau de sofisticação depende muito da companhia, sua cultura e dimensão. É uma análise cuja viabilidade está condicionada ao potencial de exposição da empresa, se existe proatividade na sua comunicação e se ela tem visibilidade. Em empresas muito pequenas e que não são agressivas na comunicação, nem sempre há "massa crítica" para se fazer uma análise mais profunda. Num caso assim, o monitoramento, acompanhado da análise individual de cada menção ou referência pode ser suficiente.

É muito comum no mercado companhias usarem esse modelo de apuração de resultados para fixar metas aos seus executivos. Isso vale tanto para a exposição de determinadas marcas ou ações, como também para a diminuição das aparições negativas. O cardápio depende muito da empresa, mas é possível trabalhar de forma estratégica e alinhada aos objetivos institucionais e de mercado como, por exemplo, o aumento de *market share* em uma determinada região ou o resgate da sua imagem depois de um evento negativo.

Uma reconhecida instituição de ensino e pesquisa do mercado utiliza esse modelo para apurar se as entrevistas dadas pelos seus professores e pesquisadores agregam valor à escola e às suas estratégias. As reportagens publicadas são avaliadas por um profissional de comunicação com o olhar atento nos objetivos estratégicos da instituição e no seu relacionamento com o conteúdo das matérias.

Outro caso é de uma empresa da área de serviços de dimensão nacional, que passou a utilizar os dados resultantes da mensuração para melhorar o seu atendimento ao cliente. As informações captadas e analisadas eram um indicador da situação em nível regional e da recepção de seus produtos e serviços. Os dados ajudaram seus executivos a trabalhar os problemas de forma mais direta e localizada, facilitando a sua solução.

Ou seja, cada exemplo tem suas peculiaridades, e os profissionais de comunicação precisam estar aptos a sugerir ideias e procedimentos para que a empresa alcance os seus objetivos. O mesmo vale para instituições do terceiro setor, associações, empresas públicas ou então a apuração do impacto registrado por eventos de curta duração, mas de grande importância para os negócios ou reposicionamento de marcas.

CENTIMETRAGEM

É um sistema muito conhecido mas que gera polêmicas em relação aos resultados que apresenta. Consiste em atribuir ao espaço ocupado por uma reportagem, ou então matéria de rádio ou televisão, o investimento que seria necessário, caso um anúncio publicitário fosse colocado em seu lugar. Para fazer a conta, usa-se o preço de tabela praticado pelo veículo, multiplica-se pelos centímetros ou segundos correspondentes ao espaço da notícia e chega-se a um valor em reais, considerado resultado da ação. O raciocínio é: quanto a empresa teria que aplicar em dinheiro se, em vez de optar pela mídia espontânea, investisse em publicidade.

Os questionamentos a respeito dessa metodologia começam por considerar que o espaço vendido para propaganda tem a mesma credibilidade que uma matéria jornalística (mídia espontânea). O senso comum é que isso não corresponde à verdade, mas não existe unanimidade em torno do assunto.

Outro fator de dúvidas é que os preços praticados no mercado publicitário não correspondem aos valores que estão nas tabelas de comercialização. Há negociações, reciprocidade, permutas e descontos que reduzem as quantias e são um fator a mais para colocar em dúvida a eficácia dos resultados apurados por esse sistema.

Além disso o conteúdo da notícia não é levado em conta em sua profundidade e pode estar desalinhado às metas do planejamento estratégico da empresa, o que reduz ou elimina o seu impacto. Há situações em que o concorrente também é citado e os espaços editoriais têm impactos muito diferentes, mesmo dentro de um mesmo veículo. Por exemplo: como atribuir a uma nota em uma coluna muito reconhecida o valor correspondente em centimetragem, se um pequeno anúncio fosse colocado em seu lugar? Imagine como fazer essa comparação na coluna de Ancelmo Gois, publicada todos os dias no jornal *O Globo*? As notas, não raramente, vêm acompanhadas de observações pessoais do colunista e podem ser positivas ou negativas. Atribuir a elas o valor correspondente aos seus centímetros provoca, sem dúvida, uma grande distorção.

AS MÉTRICAS A SERVIÇO DA COMUNICAÇÃO

Para fazer frente a questionamentos como os que mencionamos e para atender a uma demanda crescente por sistemas mais fiéis à realidade, outras metodologias começaram a ser criadas, especialmente pelas agências de comunicação. Hoje em dia há vários serviços de mensuração disponíves no mercado que possuem complexidades variadas.

Vamos focar dois exemplos de produtos desenvolvidos pelo Grupo Máquina. O primeiro é o Índice de Desempenho na Mídia (IDM), e tem como objetivo apurar o significado que uma notícia tem para a empresa ou marca. Não visa somente quantificar a exposição, mas qualificá-la e atribuir a ela um índice – valor da notícia (VN) – que corresponda ao seu impacto na imagem da empresa ou marca.

Sua base é uma pesquisa com centenas de formadores de opinião – jornalistas, publicitários, empresários do setor de comunicação, executivos. Eles atribuem uma nota à notícia conforme o seu veículo, localização na página, elementos gráficos – se tem foto, gráfico, tabela –, se está na capa, em coluna, importância conforme o colunista ou o jornalista que a assina. O resultado é um "valor" qualitativo a cada espaço dos veículos mais importantes do país. Para cada empresa o cálculo é customizado – feito de acordo com o seu perfil, planejamento estratégico e objetivos – porque o que é importante para uma pode não ser para a outra. Ou seja, os itens que formam o IDM recebem um peso para o cálculo do índice individualmente. Dessa forma, seu resultado é um apoio importante na definição de ações e estratégias.

SEGUINDO TODOS OS PÚBLICOS

Todas as empresas recebem manifestações de seus públicos. Em algumas, isso ocorre de forma mais organizada. Em outras, reclamações, sugestões ou até mesmo elogios se perdem ou estão fragmentados em várias áreas da corporação sem, no entanto, serem utilizados como matéria-prima para estratégias que visam melhorar o seu relacionamento com os *stakeholders* e sua percepção de mercado. Ou então usá-los para fazer uma gestão mais inteligente de seu negócio, programar e medir o impacto de ações de divulgação, marketing, eventos, planos de relacionamento com lideranças e seus públicos ou campanhas institucionais.

O Índice de Desepenho da Imagem (IDI) é uma ferramenta criada para ajudar as companhias a entender o que dizem essas manifestações e transformá-las em subsídios importantes para a gestão de seus negócios e imagem.

Enquanto o IDM tem foco na imprensa, o IDI vai além e funciona para avaliar todos os públicos e temas de interesse que são considerados prioridade para que a empresa tenha uma boa reputação e se desenvolva de forma sustentável e perene. Também montado de forma customizada, mostra o resultado das ações previstas no plano de comunicação corporativa. Ajuda a corrigir rumos e a gerir os recursos financeiros, de equipe e estrutura previstos para a área. Por meio do IDI é possível monitorar ações reforçando aquelas que apresentam alguma fragilidade e restringindo outras que tenham atingido o resultado previsto.

O EXEMPLO DA CPFL ENERGIA

Holding do setor de distribuição, geração, comercialização e venda de serviços de valor agregado de energia, a CPFL Energia queria entender melhor as manifestações de seus públicos, que percepção tinham de sua imagem, serviços e negócio. Estava nos seus planos utilizar essas informações de forma inteligente, como ferramenta de gestão da empresa. Com esse objetivo, decidiu desenvolver o IDI, em parceria com o Grupo Máquina. Na companhia de energia, a metodologia recebeu o nome de "Mapa de Agressões à Marca – a comunicação como bússola e estratégia na gestão empresarial" e ganhou o Prêmio Aberje em 2009, na categoria Comunicação nas Crises Empresariais. O reconhecimento é um dos mais importantes do mercado brasileiro de comunicação corporativa. A escolha ocorre todos os anos e visa exatamente destacar as soluções e os produtos que se tornam um diferencial no mercado e no atendimento às necessidades das empresas.

Para calcular o IDI da CPFL Energia, foram selecionados quatro indicadores, denominados valores. O primeiro deles, VN – valor da notícia –, já vinha sendo acompanhado por meio do IDM. Incluiu-se também o valor da reclamação – VR –, formado por manifestações de clientes e consumidores em várias instâncias e classificados conforme sua gravidade e importância. Essas informações chegavam à empresa por meio do *call center*, Ouvidoria, Procon, Aneel (Agência Nacional de Energia Elétrica).

Outro componente foi o valor da pesquisa de opinião (VPO). A empresa, como grande parte do mercado, realiza pesquisas regulares – a cada seis meses ou um ano – nos municípios onde atua e que se tornam referenciais da percepção da marca e de seus serviços. Para o IDI foi escolhida uma em especial, "Pesquisa CPFL População – Quantitativa". O valor do VPO é medido uma vez por ano, enquanto os demais indicadores têm referências mensais.

O ciclo fechou com o mercado financeiro. Por ser uma companhia aberta, a CPFL Energia é sempre citada em relatórios de analistas e opinião de investidores. Escolheu-se relatórios de instituições, com circulação nas 52 semanas do ano, e que acompanham a empresa. No cálculo, levou-se em conta também o desempenho das ações da companhia na bolsa de valores.

Foi desenvolvida uma ponderação matemática que leva em consideração o peso de cada um dos públicos ou temas de acordo com a evolução dos meses analisados. Como o VPO é medido uma vez por ano, a participação dele no cálculo cai progressivamente com o passar do tempo. Isso ocorre porque o dado apurado vai perdendo atualidade até a confecção de uma nova pesquisa.

A metodologia desenvolvida para a CPFL Energia vem sendo aplicada por outras grandes empresas, sempre de forma alinhada as suas características e metas.

Paralelamente, outros serviços são criados pelo mercado para acompanhar a evolução das ferramentas de informação e seu conteúdo. O Grupo Máquina desenvolveu o Índice de Desempenho das Redes Sociais (IDRS). Nesse caso, a matéria-prima utilizada são as manifestações dos *stakeholders* nesses canais de interação e são captadas por meio do monitoramento, como focamos no capítulo "O universo web". O índice pode ser apurado de forma independente ou ponderado com o IDI, tornando ainda mais completo o diagnóstico da empresa e de suas marcas. Seu cálculo ajuda a fazer uma gestão mais eficiente do investimento e resultados das políticas de comunicação.

UM NOVO OLHAR PARA A COMUNICAÇÃO

Durante muito tempo, a área de comunicação era vista como um custo a mais para a maioria das empresas. Felizmente, essa percepção mudou e os sistemas de mensuração de resultados – além de outros fatores, como a profissionalização e a globalização dos negócios – contribuíram muito para que isso ocorresse. Mesmo assim, ainda há espaço para crescer.

Nossa recomendação é que as equipes de comunicação prestem cada vez mais atenção ao desenvolvimento de métodos e à apresentação dos resultados do seu trabalho disponíveis no mercado. Práticas como essas ajudam a negociar e a obter recursos para investir em novos projetos, treinamento e capacitação por meio do reconhecimento do trabalho feito pela área de comunicação.

Como já focamos, foi-se o tempo que bastava apenas entregar um excelente resultado em exposição e centimetragem na mídia. O que conta para a empresa é quanto efetivamente o trabalho da comunicação contribui para que seus planos de desenvolvimento e sustentabilidade se efetivem. Os valores dos contratos de trabalho ou prestação de serviços estão cada vez mais condicionados ao desempenho cientificamente apurado. Esse é um movimento inexorável.

Bibliografia

BICALHO, Joana d'Arc; BORDA, Gilson Zehetmeyer (orgs.). *Gestão da comunicação e responsabilidade socioambiental*. São Paulo: Atlas, 2009.

A publicação é composta por oito artigos de diferentes autores, que abordam vários aspectos da sustentabilidade socioambiental nas empresas. São textos que trazem conceitos básicos passando pela gestão e imagem de marca. O livro contém uma cronologia da cultura da sustentabilidade, além dos indicadores e os documentos que a norteiam. É dirigido aos profissionais atuantes no mercado, alunos de graduação e pós-graduação dos cursos de Comunicação, Marketing, Administração, Turismo e Gestão ambiental

BUENO, Wilson da Costa. *Comunicação empresarial*: políticas e estratégias. São Paulo: Saraiva, 2009.

Para o autor, professor da Universidade Social Metodista de São Paulo (Umesp) e ECA-USP, a comunicação empresarial que praticávamos no final dos anos 1990, e que ainda vigora em boa parte das empresas, não está alinhada às novas exigências do mercado. A separação entre a comunicação institucional e mercadológica está superada e não faz mais sentido contemplar a comunicação interna e externa como distintas. Além de abordar conceitos, planejamento, estratégia, gestão, governança e sustentabilidade, no final de cada capítulo, o professor analisa casos do mundo da comunicação.

CARRIÈRE, Jean-Claude; ECO; Humberto. *Não contem com o fim do livro.* São Paulo: Record, 2010.

O livro é uma viagem divertida desde os primórdios da civilização, há cinco mil anos, até o momento atual. Os dois autores citam experiências pessoais como colecionadores e expõem a sua percepção sobre a evolução dos meios de transmissão da informação e do conhecimento até os dias atuais. Eco é semiólogo e escritor. Uma de suas obras mais conhecidas é *O nome da rosa.* Carrière é roteirista e dramaturgo. Trabalhou com o diretor espanhol Luis Buñuel e escreveu mais de 80 roteiros para o cinema.

CASTELLS, Manuel. *A galáxia da internet.* Rio de Janeiro: Zahar, 2003.

Considerado um dos maiores pesquisadores da web, Castells faz um relato do nascimento e das contradições da rede, e de seu impacto na organização dos negócios. Mais recentemente, o sociólogo escreveu *A era da informação* e *Comunicação e poder.*

FERRARI, Pollyana. *A força da mídia social.* São Paulo: Factash, 2010.

Buscando referências no cinema e em situações de sua vivência pessoal, a autora construiu um livro em que não faltam números e dados que desvendam o forte crescimento do ambiente web, o surgimento das redes sociais, a explosão do Twitter etc. São fatos que trouxeram mudanças na forma como as pessoas se relacionam na sociedade como um todo.

GASPARI, Elio. *A ditadura derrotada*. São Paulo: Companhia das Letras, 2003.

Segundo volume da coleção "As ilusões armadas", escrito pelo jornalista Elio Gaspari. Formada também pelos livros *A ditadura envergonhada*, *A ditadura escancarada* e a *A ditadura encurralada*, é uma obra de fôlego que conta a história do regime militar desde o golpe de 1964. Na definição de outro reconhecido jornalista, Zuenir Ventura, "em quantidade de informação, não há nada parecido. Pelo estilo, trata-se de uma obra de arte. Por uma coisa e por outra, é uma obra-prima da reportagem de reconstituição histórica".

GAY, Talese. *O reino e o poder*: uma história do *New York Times*. São Paulo: Companhia das Letras, 2000.

O livro conta a trajetória e as contradições de um dos jornais mais influentes do mundo. É uma grande reportagem sobre o NYT e seus fundadores até a época recente. Há curiosidades muito interessantes sobre matérias que foram publicadas e as situações que envolveram a sua produção.

Talese é um dos expoentes do *new journalism*. Estilo de fazer reportagens que nasceu nos anos 1960, nos Estados Unidos, apropriava-se das técnicas da literatura e ficção e foi seguido também por Truman Capote, Norman Mailer e Tom Wolfe.

MAFEI, Maristela. *Assessoria de imprensa*: como se relacionar com a mídia. São Paulo: Contexto, 2004.

Quando se trata de entender como deve ser o relacionamento com a imprensa, esse é um livro indispensável aos profissionais de comunicação corporativa. A publicação traz uma linha do tempo sobre a evolução da assessoria de imprensa, recomendações que ajudam a desenvolver a atividade e o que deve ser evitado.

NASSAR, Paulo. *Comunicação todo o dia.* São Paulo: Lazuli, 2010.

O livro é composto por cerca de 80 artigos publicados na revista eletrônica *Terra Magazine*, escritos pelo professor e pesquisador da ECA-USP e diretor geral da Aberje, Paulo Nassar. É formado por duas partes. A primeira – Comunicação e Cotidiano – é composta por textos sobre política, publicidade, comportamento, jornalismo e ética e economia. A segunda parte é dedicada exclusivamente à comunicação empresarial, traz *cases* e notícias, além da formação e desenvolvimento profissional.

NOBLAT, Ricardo. A *arte de fazer um jornal diário.* São Paulo: Contexto, 2002.

O texto bem humorado e leve desse livro é uma lição a quem planeja seguir a carreira de jornalista. Além de ser um dos repórteres de política mais conhecidos e respeitados do país, Noblat tornou-se também um dos blogueiros mais lidos e influentes.

SCHAUN, Ângela; RIZZO, Esmeralda. *Agências de comunicação*: teoria e prática. São Paulo: Expressão&Arte, 2009.

Uma pesquisa financiada pelo Instituto Mackenzie – MackPesquisa – permitiu às duas autoras desenvolverem um estudo sobre o negócio das agências de comunicação. Utilizando os conceitos básicos da comunicação corporativa, entrevistas com empresários e pesquisadores, elas contextualizam a evolução desse setor. Um levantamento feito por elas identificou

150 termos que designam produtos e serviços oferecidos pelas agências.

SILVA NETO, Belmiro Ribeiro (coord.). *Comunicação corporativa e reputação.* São Paulo: Saraiva, 2010.

O coordenador do curso de Comunicação Corporativa e de Comunicação de Crises do Programa de Educação Continuada da Fundação Getulio Vargas – GVPEC – reúne artigos de 11 professores do curso que abordam temas como marca: a identidade do negócio; comunicação com o governo; responsabilidade e sensibilidade social; comunicação com a mídia etc.

YANAZE, Mitsuru Higuchi; FREIRE, Otavio; SENISE, Diego. *Retorno dos investimentos em comunicação*: avaliação e mensuração. São Paulo: Difusão, 2010.

Os autores entrevistaram gestores de comunicação de 50 das maiores empresas do país para que pudessem identificar os principais métodos de planejamento e avaliação dos resultados de comunicação e sua aplicação. O capítulo 6 – "Metodologias de Mensuração de Resultados" – trata especificamente da mensuração no relacionamento com a imprensa e aborda alguns dos principais produtos e serviços do mercado.

DISSERTAÇÃO

PINTOR, Ângela. *Comunicação e organizações empresariais na cibercultura*: mudanças na comunicação interna na era da globalização. São Paulo, 2010. Dissertação (Mestrado em Comunicação e Semiótica) – Pontifícia Universidade Católica.

REVISTAS E PERIÓDICOS

ANDERSON, Chris. The web is dead. Long live the internet. Disponível em: <http://www.wired.com>. Acesso em: 10 ago. 2010.

ANTUNES, Claudia. Internet móvel é a nova frente para jornal. *Folha de S.Paulo.* São Paulo, 10 set. 2010, p. B7.

ASHOKA, AVINA, GIFE, INSTITUTO ETHOS. Responsabilidade Social Empresarial: Por que o guarda-chuva ficou pequeno? São Paulo, 2010. Disponível em: <http://www.gife.org.br>. Acesso em: 19 out. 2010.

BARBOSA, Mariana. Agregador de notícia movimenta US$ 500 milhões. *Folha de S. Paulo.* São Paulo, 7 dez. 2010, p. B5.

BENS Brasileiros são "vitais" para EUA. *Folha de S. Paulo.* São Paulo, 7 dez. 2010, p. A14.

BILTON, Nick. Is the web dying? It doens't look that way. Disponível em: <http://www.nyt.com>. Acesso em: 17 ago. 2010.

BRASIL, Ubiratan. Viver de sonhos e revoluções. *O Estado de S. Paulo.* São Paulo, Sabático, 31 jul. 2010, p. S6.

CHADE, Jamil. Internet terá 2 bilhões de usuários. *O Estado de S. Paulo.* São Paulo, 20 out. 2010, p. B16.

COLUNISTA do *Washington Post* suspenso por fraude no Twitter. Disponível em: <http://www.revistaexame.com.br> Acesso em: 23 set. 2010.

CONSULTORIA prevê aumento dos internautas nos países emergentes. Disponível em: <http://www.revistaexame.com.br>. Acesso em: 23 set. 2010.

DÓRIA, Pedro. O WikiLeaks pode até sair do ar, mas outros sites do tipo surgirão. *O Estado de S. Paulo.* São Paulo, 1º dez. 2010, p. A14.

DUARTE, Alec. Se um país não quer mudar, não é a rede que irá mudá-lo. *Folha de S.Paulo.* São Paulo, 21 set. 2010. Especial5.

FERREIRA LOPES, Dirceu. 200 anos de imprensa no Brasil. Disponível em: <http://www.usp.br/jorusp>. Acesso em: 2 fev. 2011.

GUANAES, Nizan. No papel do papel branco. *Folha de S.Paulo.* São Paulo, 5 out. 2010, p. B14.

GUIA EXAME 2010 – SUSTENTABILIDADE. São Paulo: Editora Abril, nov. 2010.

HELFT, Miguel. Facebook lets users interact in small groups. Disponível em: <http://www.nyt.com>. Acesso em: 7 out. 2010.

LIBERDADE de Expressão e o Futuro do Jornalismo. Disponível em: <http://www.anj.org.br>. Acesso em: 14 dez. 2010.

LINS E SILVA, Carlos Eduardo. Economia cresce mas direitos humanos preocupam. *Folha de S.Paulo.* São Paulo, 1º jun. 1997.

MILANESE, Daniela. Jornais querem ganhar com mobilidade na web. *O Estado de S. Paulo.* São Paulo, 10 set. 2010, p. B12.

NASSAR, Paulo; FIGUEIREDO, Suzel. Comunicação corporativa nas organizações. Disponível em: <www.aberje.com.br>. Acesso em: 5 set. 2010.

NASSAR, Paulo; FIGUEIREDO, Suzel. Pesquisa de Comunicação Interna 2007. Disponível em: <www.aberje.com.br>. Acesso em: 21 out. 2010.

NASSAR, Paulo; FIGUEIREDO, Suzel. Sustentabilidade e presença na mídia. Disponível em: <www.aberje.com.br>. Acesso em: 14 out. 2010.

REZENDE, Agostinho. Flexibilização da Voz do Brasil. Disponível em: <http://www.abert.org.br>. Acesso em: 2 fev. 2011.

SINGER, Suzana. Um homem de 250 mil segredos. *Folha de S.Paulo.* São Paulo, 5 dez. 2010 (*Ombudsman*).

TEC FOLHA DE S.PAULO – História digital. São Paulo, 1º set. 2010.

VALOR SETORIAL COMUNICAÇÃO CORPORATIVA. São Paulo: Valor Econômico AS, nov. 2010.

VIALLI, Andréa. Empresas se antecipam à lei dos resíduos. *O Estado de S. Paulo.* São Paulo, 17 nov. 2010, p. A24.

Posfácio

Diariamente, recebo as mais variadas mensagens de profissionais de agências de comunicação. Convites para abertura de torneio de tênis de mesa, divulgação de romances e de livros de autoajuda e até sugestões de entrevista com um nutricionista que inventou uma dieta revolucionária.

Como quase nunca escrevo sobre esportes, literatura ou saúde, tais mensagens vão para um limbo jornalístico. Apesar do formidável crescimento e profissionalização da comunicação corporativa no Brasil, ainda há dezenas de agências que não se dão ao trabalho de fazer *mailings* sob medida. Nem devem ter ideia sobre o que escrevo e que áreas estão sob minha responsabilidade na *Folha de S.Paulo*. Imagino o quanto os clientes pagaram para um serviço sem foco e que não vai gerar mídia nenhuma, apenas aborrecimento espontâneo.

Mas essa questão pertence à pré-história dos planos de ação das agências no país. Cuidar da imagem de um cliente envolve variáveis em áreas em que todos nós somos neófitos, ainda tateando para calcular seus desdobramentos.

O Youtube foi criado em 2005 e só pegou mesmo em 2006, mas dá para imaginar a vida sem ele? Um cliente revoltado contra uma companhia aérea ou querendo devolver uma geladeira quebrada pode fazer um vídeo demolidor. Se for criativo ou engraçado, pode ser visto por milhões de pessoas, independentemente da justiça da causa.

O Twitter, ainda mais infante que o site de compartilhamento de vídeos, tem o mesmo poder e a rapidez de espalhar uma crítica. Como monitorar um meio assim? Como responder a uma crítica que saia do controle?

Além da inflação de novas mídias, temos uma explosão de novos atores no Brasil. Com o amadurecimento de nossa democracia, a universalização da educação básica (apesar da qualidade ainda precária) e o aumento de renda das classes c e d, toda comunicação precisa estar aberta a esses novos cidadãos, pessoas mais alfabetizadas e consumidores mais conscientes.

Não basta vender bem o seu produto. Cidadãos mais fortalecidos são acionistas mais exigentes, que querem saber dos comportamentos éticos, ambientais e sociais das empresas das quais são acionistas, consumidores ou simplesmente público-alvo.

A dificuldade em responder a essas novas demandas tem sido recompensada. Os profissionais da comunicação corporativa estão cada vez mais próximos do cérebro do processo de decisões das grandes empresas. Nas gigantes ibm e Diageo, seus assessores de comunicação já têm assento nas mesas mais influentes.

Felizmente, Maristela Mafei e Valdete Cecato nos apresentam a uma comunicação corporativa cada vez menos dependente de achismos e mais focada em metodologias eficientes e na busca de resultados quantificáveis. Mais profissional e preparada para esses tempos imprevisíveis e fascinantes que vivemos.

Raul Juste Lores
Editor de Mercado da *Folha de S.Paulo* e
ex-correspondente do mesmo jornal em Pequim

Agradecimentos

Agradecemos o apoio e a contribuição de toda a equipe do Grupo Máquina, especialmente ao diretor executivo Marcelo Diego, que leu nossos textos e nos ajudou com suas observações e recomendações.

A Renato Filipov, também diretor executivo, Ednilson Machado (sócio-diretor), Adélia Chagas, Daniela Camargos, Lucimara Nunes e Renata Asprino (executivos) e ao consultor Luis Contreras.

Nosso agradecimento aos profissionais do mercado, que nos receberam para falar sobre suas percepções e expectativas em relação ao mercado de comunicação corporativa.

Ângela Pintor dos Reis – consultora em comunicação interna e mestre em Comunicação e Semiótica – PUC-SP; Antonio Jacinto Matias – consultor do Grupo Itaúsa e presidente da Fundação Itaú Social; Cesar Rua – gerente de comunicação interna da Telefônica; Ciro Dias Reis – presidente da Associação Brasileira das Agências de Comunicação – Abracom; Elizabeth Saad Corrêa – professora titular e pesquisadora da Escola de Comunicação e Artes – ECA- USP;

Emanuel Neri – diretor de comunicação da Telefônica; Gabriela Garcia – diretora de planejamento estratégico da Hypermarcas; Lúcio Pimentel – gerente de imprensa da Petrobras; Marcello D'Angelo – diretor de comunicação da Camargo Corrêa; Renato Delmanto – professor da Faculdade de Comunicação Casper Líbero e gerente corporativo de relações com a mídia da Votorantim Participações; Sandro Bassili – diretor de relações socioambientais da Ambev; Valerie Kallil (Hypermarcas); Wilson Amaral – presidente da Gafisa.

Um agradecimento especial à Luciana Pinsky que nos ajudou com seu apoio e orientação durante todo o processo de elaboração e produção desta obra.

As autoras

MARISTELA MAFEI

Fundadora do Grupo Máquina, com ampla experiência em planejamento estratégico e comunicação corporativa. É considerada uma das maiores especialistas em gestão de reputação de imagem e gerenciamento de crise do país. Trabalhou na *Folha de S.Paulo*, na revista *Globo Rural*, na Rádio e Televisão Cultura, na Rádio América e no Departamento de Pesquisas da Rede Globo. É autora do livro *Assessoria de imprensa: como se relacionar com a mídia*, publicado pela Editora Contexto.

VALDETE CECATO

Consultora em comunicação corporativa, foi diretora executiva do Grupo Máquina em São Paulo e diretora da sucursal da agência no Rio de Janeiro. Formada em jornalismo pela Universidade Federal do Rio Grande do Sul (UFRGS), trabalhou nos jornais *O Estado de S. Paulo*, *Gazeta Mercantil Latino-Americana*, *Zero Hora* (Brasília), na agência de informações Dinheiro Vivo e na revista *Ícaro*.

CADASTRE-SE

EM NOSSO SITE,
FIQUE POR DENTRO DAS NOVIDADES
E APROVEITE OS MELHORES DESCONTOS

LIVROS NAS ÁREAS DE:

História | Língua Portuguesa
Educação | Geografia | Comunicação
Relações Internacionais | Ciências Sociais
Formação de professor | Interesse geral

ou
editoracontexto.com.br/newscontexto

Siga a Contexto
nas Redes Sociais:
@editoracontexto